낮은 목소리로 말하고, 천천히 말하고,
너무 많이 말하지 마라.

존 웨이

내 언어의 한계는 내 세계의 한계다.

비트겐슈타인

좋은 언어 소통은 블랙커피만큼
자극적이고 각성 효과도 뛰어나다.

앤 모로우 린드버그

생각은 현자처럼 하되
평범한 사람의 언어로 소통하라.

윌리암 버틀러 예이츠

대화력의 비밀

대화력의 비밀

펴낸날 2023년 9월 25일 1판 1쇄

지은이_황시투안
옮긴이_정영재
펴낸이_김영선
편집주간_이교숙
책임교정_정아영
교정·교열_나지원, 이라야, 남은영
경영지원_최은정
디자인_바이텍스트
마케팅_조명구

발행처 ㈜다빈치하우스-미디어숲
주소 경기도 고양시 덕양구 청초로 66 덕은리버워크지산 B동 2007호~2009호
전화 (02) 323-7234
팩스 (02) 323-0253
홈페이지 www.mfbook.co.kr
출판등록번호 제 2-2767호
값 17,800원
ISBN 979-11-5874-199-0(03180)

┌───┐
│ ㈜다빈치하우스와 함께 새로운 문화를 선도할 참신한 원고를 기다립니다. │
│ 이메일 dhhard@naver.com (원고 투고)   │
└───┘

대화력의 의

유연한 인생을 위한 36가지 대화의 기술

비밀

황시투안 지음 | 정영재 옮김

미디어숲

유연한 인생을 위한
36가지 언어의 기술

나의 스승인 장국위 박사의 아들은 게임에 중독된 적이 있었다. 그런데 그는 아들을 나무라지 않고 같이 게임을 하는 쪽을 선택했다. 아들에게 게임 한 판을 진 뒤에 그는 이렇게 말했다.

"네가 나를 이길 수는 있겠지만 과연 이 게임을 만든 개발자도 이길 수 있을까? 한번 게임을 직접 개발해 보면 더 재미있지 않을까?"

이 말을 들은 그의 아들은 훗날 컴퓨터 박사가 되었다.

철학계에서 'Word(말)'와 'Sword(칼)'는 흔히 같이 다뤄진다. 여기 엔 두 가지 함의가 있다.

첫째, 말에는 칼처럼 역사를 바꾸는 힘이 있다.

둘째, 말은 칼처럼 사람을 구할 수도 있고 해칠 수도 있다.

미국의 저명한 아동 심리학자 아델 페이버Adele Faber는 이렇게 말했다.

"당신의 말이 아이에게 미치는 영향을 절대 낮게 평가하지 마라."

부모의 부정, 공격, 비판은 아이에게 부정적 심리 암시를 주고, 이는 아이의 '내적 비판 음성'으로 변해, 거대하고 강력한 '반反자아' 의식을 형성한다. 그리고 아이는 이런 의식에서 평생 벗어나지 못할 가능성이 크다.

부모의 언어에는 아이의 미래가 숨어 있고 인류의 미래도 달려 있다!

말 한마디는 미래의 희망을 보게 할 수도, 삶의 의욕을 한순간에 꺾어버릴 수도 있다. 불가능해 보이는 기적을 창조할 수도, 생명이 지닌 모든 가능성을 무너뜨릴 수도 있다. 이처럼 언어가 가진 힘은 거대하며 측량하기 힘들다.

일상생활은 언어를 통해 설득하기나 설득당하는 일로 이루어진다. 때로는 공감과 지지를 얻기도 하고 반감을 사기도 한다. 그렇다면 어떻게 해야 언어라는 무기를 제대로 장악해서 주변 사람들과 원활한 관계를 맺고 말의 부정적 영향을 억제하며 긍정적인 효과를 발휘할 수 있을까?

신경 언어 프로그래밍 영역에는 한 가지 훈련 기술이 있다. 이는 독특한 언어 모델로 당사자가 자기반성을 하게 하고, 자신의 사상에 숨어 있는 맹점을 보게 하며, 자신의 성공을 막는 제한적 신념을 깨뜨리고 자발적으로 자기 발전을 위해 한 걸음을 내딛게 하여 인생의 질을 높인다.

이 책에서 나는 크게 36가지 언어 기술에 관해 이야기한다.

먼저 잠재의식을 활용한 다양한 방법을 다른 사람들과의 대화에 적용해서 알기 쉽게 보여 준다. 또한 '지혜로운 언어 모델'로 크게 세 가지로 나눠 설명한다. 첫째, 상대의 마음을 꿰뚫는 '상위 분류법.', 둘째, 사고를 좁혀 문제를 해결하는 '하위 분류법.', 셋째, 기상천외한 연결로 사고의 틀을 깨는 '횡적 분류법'이다.

말은 곧 자기 자신이다. 나는 자신의 내면에 가득한 부정적인 말과 생각을 들여다보게 하는 메타언어를 소개할 것이다. 그리고 마지막으로 싸우지 않고도 상대방을 제압할 수 있는 방법을 알려 주려 한다.

이로써 그동안 풀지 못한 의사소통 문제 가운데 90퍼센트는 해결할 수 있을 것이다. 이를 날마다 익혀서 습관화하면 말하는 방식이 바뀌고 내면세계는 어느새 긍정적으로 달라지게 된다. 그리고 마침내 인격의 성장을 이루어 더 나은 삶을 유지할 수 있을 것이다.

독자들이 책을 통해 말하는 방식의 변화를 터득해 주변의 많은 사람의 지지와 독려를 받는 인생을 살기 바란다.

황시투안

차례

PART
2

소통 문제를 해결하는
말하기 비법

PART
3

자기 내면 읽기를 돕는
언어 모델

생각은 현자처럼 하되,
평범한 사람의 언어로 소통하라.
윌리엄 버틀러 예이츠

공감과
지지를
끌어내는

PART 1

대화의
법칙

만일 상대방과 거리를 좁히고 친밀감을 높이고 싶다면 '텅 빈 단어'법을
이용하면 된다. 상대의 하얗게 빈 공백에 소통, 느낌, 이해와 같은 공감의
단어를 넣으면, 상대는 어느새 빗장을 풀고 그 비어 있는 공간에 당신과
가까워질 친화력의 다리를 차곡차곡 쌓고 있을 것이다.

잠재의식에 스며드는
한마디의 주문

먼저 두 가지 짧은 이야기를 해 볼까 한다.

1919년 미국의 작은 농장에 사는 열일곱 살 소년이 갑자기 전신 마비가 되면서 말하고 눈동자를 굴리는 것 외에 어떤 것도 할 수 없게 되었다. 소년의 엄마는 용하다는 의사 세 명을 불러서 소년을 진찰하게 했지만, 세 의사는 모두 똑같은 진단을 내렸다.

"죄송하지만 아드님은 곧 세상을 떠날 것입니다."

몸은 움직일 수 없어도 정신만은 맑게 깨어 있던 소년은 의사의 잔인한 진단에 마음 아파하는 엄마를 보며 속으로 다짐했다.

'의사의 단언이 절대 현실이 되지 않게 할 거야!'

시간이 어느 정도 지나고 소년의 엄마는 또다시 의사를 불렀다.

아직 살아 있는 소년을 보고 의사는 무척 놀랐다. 그는 진료를 마친 후 다시 한번 가슴 아픈 진단을 내릴 수밖에 없었다.

"아이가 목숨은 유지할 수 있어도 다시 걷기는 어려울 것입니다."

이 말을 들은 소년은 또 한 번 마음속으로 다짐했다.

'절대 의사의 단언이 현실이 되게 하지 않을 거야!'

그 결과는 어땠을까? 몇 년 후, 소년은 다시 일어나서 걸었고, 여든 살까지 살다가 세상을 떠났다.

이 소년이 바로 유명한 심리치료사 밀턴 에릭슨^{Milton Erickson}이다. 그는 의료 최면, 비지시적 최면의 창시자로 '현대 최면의 아버지'라고 불린다. 어릴 적 이 경험을 통해 그는 언어 속에는 사람의 '잠재력'을 불러일으키는 힘이 있고, 신체의 질병은 물론 심리적 문제도 이겨낼 수 있게 해주며 사람의 운명을 바꾼다는 것을 발견했다. 훗날 그는 말 한마디로 한 외로운 노부인의 인생을 바꾸었다. 이 이야기가 바로 우리가 살펴볼 두 번째 이야기다.

말 한마디로 우울증에서 벗어난 노부인

에릭슨이 미국 중남부 어느 작은 마을에 갔을 때 일어난 일이다. 마을에는 에릭슨의 제자가 살고 있었는데, 에릭슨이 온다는 얘기를 들은 제자는 그에게 찾아가 도움을 요청했다.

"선생님, 제 고모를 좀 도와주세요, 고모가 우울증을 앓고 있는데 큰 집에서 혼자 외롭게 지내고 있어요. 생활 방식을 바꿔 보라고 여러 차례 권했지만, 고집이 너무 강해서 제 얘기를 듣지 않아요. 어떻게 해야 할지 선생님께서 와서 좀 봐주시면 안 될까요?"

에릭슨은 시간을 내어 그 노부인의 집을 찾아갔다.

그가 데리고 간 큰 집에는 듣던 대로 얼굴에 생기가 없고 근심이 가득한 노부인이 살고 있었다. 에릭슨은 노부인에게 집을 둘러봐도 되는지 물었다. 이에 노부인은 방 하나하나를 그에게 보여 주었다. 에릭슨은 정말 그 집을 구경하고 싶었던 걸까? 아니다. 그는 무언가를 찾고 있었다. 그는 노부인의 생기 없는 생활 환경에서 살아있음을 느끼게 하는 무언가를 찾으려 했다. 마침내, 그는 방 한 칸의 창턱에서 유일하게 활력을 가진 제비꽃 화분 몇 개를 발견했다. 에릭슨은 감탄하며 말했다.

"정말 아름다운 꽃이군요."

이 말을 들은 노부인은 약간 감동한 듯 대답했다.

"집에서 너무 할 일이 없어서 조금 심어 봤어요. 얼마 전에 꽃을 피웠더라고요."

노부인의 말에 에릭슨이 건넨 다음 한마디는 노부인의 미래를 바꾸었다.

"부인의 이웃 혹은 친구들이 그들 인생의 특별한 날, 예를 들어 결혼식, 출산 또는 생일날에 이런 아름다운 꽃을 받을 수 있다면 얼마나 행복할까요?"

에릭슨은 이 말을 남긴 뒤 유유히 마을을 떠났다. 이후에 노부인은 제비꽃을 대량으로 심기 시작했고 이웃들의 특별한 날들을 기억해 두었다가 그날이 오면, 가장 아름다운 꽃을 그들에게 선물해주었다. 그렇게 몇 해가 지나고 마을 사람들은 하나같이 그녀를 '제비꽃 여왕'이라고 불렀다. 그리고 어느 날 마을의 지방 신문에 다음과 같은 제목의 기사가 크게 났다.

'제비꽃 여왕 영원히 잠들다.' 그녀의 장례에는 수천 명이 참석해 애도를 표했다. 노부인의 말년은 분명 행복으로 가득했으리라!

에릭슨이 찾아낸 최면의 힘

위의 사례에서 우리는 최면의 위력을 맛볼 수 있었다. 자신이든 타인이든, 때로는 말 한마디가 한 사람의 운명을 바꿀 수 있다. 보통 최면이라고 하면 많은 사람이 이성을 잃게 한 후 상대를 조종하는 영화 속 장면을 떠올리며 두려워하고 멀리한다. 사실 이는 최면에 대한 오해다.

최면이라는 말과 자주 사용되는 용어로는 '트랜스Trance'가 있다. 무언가에 몰두하다가 내려야 할 정류장을 지나치거나, 재미있는 영화를 볼 때는 금세 두 시간이 지나가 버린다거나, 옆에 누가 오는지 의식하지 못하는 상태처럼 무언가에 몰입돼 주변을 의식하지 못하는 상태를 말한다. 트랜스는 일종의 최면 상태이며, 이런 상태의 명확한 특징은 주의력이 외적인 것에서 내적인 것으로 옮겨진다는 것이다. 다음의 그림을 살펴보자.

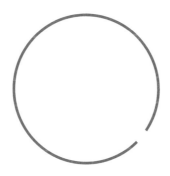

무엇으로 보이는가? 이를 본 많은 사람이 원이라고 대답한다. 정말로 그럴까? 물론 아니다. 이것은 하나의 곡선일 뿐이다. 양 끝이 연결되지 않았는데 어떻게 원이라고 할 수 있겠는가? 사람의 뇌는 아직 완성되지 않은 일을 상상을 통해 완성하는 습관이 있다.

어느 날 퇴근해서 돌아온 남편에게서 낯선 향수 냄새가 난다면, 당신은 여러 생각을 하게 될 것이다. 다른 여자와 접촉한 건 아닌지, 바람을 피운 건 아닌지, 심지어는 최근 남편의 행동이 좀 이상했던 것 같다는 생각도 하게 된다. 즉, 우리의 뇌가 자동으로 정보들을 보충해 모든 일을 합리적으로 만든다.

불확실한 일에 대해 뇌는 항상 확실한 답을 얻으려고 한다. 그리고 미완성된 일에 대해서도 그것을 완성하려는 충동을 보인다. 뇌의 이러한 특성을 이용해 인위적으로 공백을 만들어 우리의 뇌가 상상을 통해 그것을 채우게 하는 것. 이것이 바로 최면이다.

에릭슨이 노부인을 우울감에서 끌어낼 때 한 말이 바로 이 원리를 이용한 것이다.

"부인의 이웃 혹은 친구들이 그들 인생의 특별한 날, 예를 들어 결혼식, 출산 또는 생일날에 이런 아름다운 꽃을 받을 수 있다면 얼마나 행복할까요?"

이 말은 미래의 '비어 있는' 한 장면을 만들어서 노부인이 직접 행동으로 채우게 했다. 그렇게 노부인은 에릭슨이 설정한 범위의 행동을 따라 아주 쉽게 우울한 상태에서 빠져나올 수 있었다.

최면에는 전통적 최면과 에릭슨 최면, 두 종류가 있다. 둘 다 치료의 목적으로 쓰이는 것은 똑같다. 하지만 방식이 좀 다르다. 전통적 최면은 일반적으로 편안한 의자에 앉아서 눈앞에 왔다 갔다 하는 추를 바라보며 진행하는 반면, 에릭슨 최면은 별 의미 없는 말

한마디를 던져 알게 모르게 자신 혹은 타인에게 영향을 주고 인생까지도 바꾼다. 에릭슨 최면을 개발한 밀턴 에릭슨은 최면에 대해 이러한 해석을 남겼다.

"최면은 내담자가 의식하는 상태에서 일방적으로 트랜스되는 것이 아니라, 내담자가 의식하지 못하는 가운데 비지시적으로 자연스럽게 트랜스되는 것이다."

좀 추상적인 말이긴 하다. 간단히 말해서, 의식보다 잠재의식이 더 지혜롭다는 말이다.

> 대부분 우리의 미래는 의식보다 '잠재의식'에 의해 정해진다. 다시 말해, 미래의 주인은 우리의 깨어 있는 의식이 아닌, 내면에 숨겨진 잠재의식이다. 최면은 바로 이 잠재의식에 영향을 미치는 방법이다. 의식이라는 방어벽을 넘어 곧장 잠재의식에 명령을 내려서 더욱 맑은 정신으로 살게 한다.

이처럼 최면은 당사자가 무의식 상태일 때 설정된 틀 속에서 선택하게 만드는 것이다. 이러한 예들은 널리고 널렸다.

"청소할래, 아니면 숙제할래?"

"지금 바로 보고서 제출하시겠어요? 아니면 퇴근하기 전에 하시겠어요?"

어기에도 최면 기술이 쓰였다. 상대방에게 하나의 비어 있는 공간을 만들어서 그로 하여금 스스로 채우게 만들고 자유롭게 자신이 결정한 것처럼 보이게 만들었다. 언뜻 봐서는 스스로 선택한 것 같지만 사실 말하는 사람이 설정한 '범위'가 있다. 더 신기한 것은 당사자의 의식은 이 범위를 잘 알아채지 못한다는 것이다. 그래서 말하는 사람의 '암시'가 당사자의 '의식'을 넘어 곧장 '잠재의식'으로 진입할 수 있다. 이제 본격적으로 최면에 관해 배워 보자!

최면 어법은 총 18가지가 있다. 우선 그중 첫 번째가 '추측법'이다. 점술사들이 당신에게 일어난 몇 가지 일을 안다고 할 때, 심지어 정확하게 말할 때 매우 놀랍지 않은가? 어떻게 한 것일까? 이 방법은 더 큰 범위에 대해 말하고, 더 많은 내용을 포함하는 단어를 사용하는 언어의 기술이다. 점술사가 그렇게 정확하게 말할 수 있는 것은 그가 쓰는 단어가 포함하는 범위가 '넓기' 때문이다.

"나는 ~을 안다."라는 말에 범위가 충분히 넓은 상위 분류 단어만 집어넣으면 당신도 다른 사람에게 용하다는 소리를 들을 수 있다.

"나는 네가 더 나은 삶을 위해 뭔가 준비한다는 것을 안다."
"나는 너에게 간절한 꿈이 있다는 것을 안다."
"나는 네가 계속해서 공부해 나갈 것이라는 걸 안다."

"나는 네가 좋은 사람이라는 것을 안다."

"나는 네가 점점 더 나아지리라는 것을 안다."

내가 '나는 네가 더 나은 삶을 위해 뭔가 준비한다는 것을 안다'라고 말했을 때, 상대방의 뇌는 상상을 펼쳐서 그 공백을 메꾸려고 한다. 이때 상대방은 이렇게 말할지도 모른다.

"맞아. 내가 이사 가려고 하는 거 어떻게 알았어?"

앞서 말한 '더 나은 삶'은 '이사'의 상위 분류이다. '나는 ~을 알아'라는 말은 상대에게 그 범위 내에서 상상을 펼치게 하는 암시를 준다.

같은 원리로, 내가 누군가에게 "당신에게는 현재 간절히 바라는 한 가지 꿈이 있지요?"라고 말하면 상대는 놀라며 다음과 같이 말할 수도 있다.

"내가 사업할 계획이 있다는 걸 어떻게 알았어요?"

내가 알고 있었겠는가? 아니다. 나는 그저 커다란 틀을 제시했을 뿐이고, 상대방에게 구체적인 단어로 그 틀을 채우게 했을 뿐이다. 나는 알고 있는 게 아무것도 없었지만, '나는 안다'라는 말이 상대방으로 하여금 내가 남긴 공백을 채우게 했다.

이게 바로 상대의 마음을 읽은 듯이 예측하는 추측법이다. 이러한 최면 언어 아래에서 상대방은 아주 쉽게 우리가 설정한 긍정적인 틀을 따라 행동하게 된다.

추측법을 배웠다면 아이에게 숙제하라고 독촉하고 싶을 때 어떻게 해야 할까? 만일 우리가 직접적인 명령으로 "어서 가서 숙제해!"라고 말한다면, 아이에게는 선택권이 주어지지 않는다. 사람은 자신이 선택한 일은 안심하고 받아들이는 반면, 남이 내린 명령에는 반항심을 가진다. 이는 심리학을 배운 사람이라면 모두가 아는 사실이다. 따라서 당신이 아이에게 직접적으로 숙제를 하라고 명령하면, 아이는 다음과 같이 말하며 반항할 가능성이 크다.

"조금 있다 할게요.", 또는 "지금 하기 싫어요."

하지만 말을 살짝 바꿔서 이렇게 말한다면 어떨까?

"엄마는, 네가 자기만의 방식으로 공부하고 있다는 것을 알아. 맞지?"

이 추측성 최면 언어는 듣기에는 뻔한 말처럼 들리지만, 이 말을 들은 아이는 이런 반응을 보일 것이다.

"맞아요. 엄마, 아빠, 저는 저만의 숙제 방식이 있어요. 지금 가서 숙제하고, 다 한 뒤에 나가서 놀려고요!"

이처럼 효과는 빠르게 나타난다.

사람의 잠재의식은 부정어를 처리하지 못한다. 상대방에게 "빨간 사과를 떠올리지 마세요."라고 말하면 그의 머릿속에는 즉각 빨간 사과가 떠오르는 식이다. 따라서 우리가 추측법과 부정어를 합쳐서 사용하면 잠재의식의 이러한 특징으로 인해 신기한 작용이 일어난다.

예를 들어 어려운 프로젝트를 앞둔 부하직원에게 이렇게 말해 보자.

"저는 당신이 어떤 아이디어를 생각해 낼지 알지 못하지만, 좋은 소식을 기다리고 있을게요."

이 말을 들은 부하직원은 좋은 아이디어를 내기 위해 적극적으로 노력하고 열성을 다해 프로젝트에 임할 것이다. 그의 잠재의식은 이미 다음과 같은 지령을 받았기 때문이다.

'당신은 분명 좋은 아이디어를 생각해 낼 것이다!'

"나는 ~를 안다"처럼 "나는 ~를 알지 못한다"도 일종의 추측이다. 추측에 부정어를 붙이면 때론 당사자의 의식이 더욱 아무것도 느끼지 못하는 채로 최면에 빠진다.

여기까지 읽었다면, 나는 여러분이 최면에 이미 관심이 생겼다는 것을 안다. 더 많은 최면 방법을 배우고 싶다면 계속 읽어 나가자. 아직 17가지 최면 방법이 남아 있다.

'왜냐하면' 한마디의
마법 같은 효과

두 번째 최면 방법인 '인과법'이 뭔지를 알아보기 전에, 실험 한 가지를 살펴보겠다.

1970년대 미국에서 진행된 실험이다. 당시에는 복사기가 꿍장히 귀해서 지금처럼 부서마다 복사기가 있지 않았다. 그래서 복사를 하기 위해서는 공용 복사기가 있는 로비에 가서 길게 줄을 서서 순서를 기다리는 게 일반적이었다. 이에 하버드대학의 심리학 교수 앨런 랭어Allan Langer는 다음과 같이 생각했다.

'새치기할 방법이 혹시 있을까?' 이에 그는 문서를 들고 맨 앞에 서 있는 사람에게 말했다.

"선생님, 혹시 제가 먼저 복사해도 될까요?"

이런 부탁은 당연히 많은 사람에게 거절을 당했다. 이에 앨런 랭어는 말을 살짝 바꿔서 이렇게 말해 봤다.

"선생님, 혹시 제가 먼저 복사해도 될까요? 왜냐하면 제게 좀 갑자기 급한 일이 생겨서요.", "선생님, 혹시 제가 먼저 복사해도 될까요? 왜냐하면 제가 복통이 느껴지는데 병원에 가봐야 할 것 같아서요.", "선생님, 혹시 제가 먼저 복사해도 될까요? 왜냐하면 저희 집 고양이가 새끼를 낳았거든요."

앨런 랭어는 '왜냐하면'을 붙여 먼저 복사를 해야 할 이유를 설명했다. 그 이유가 뭐가 됐고, 얼마나 허무맹랑하건 간에 대부분은 양보해주었다. 이게 바로 앨런 랭어의 '새치기 실험'이다.

이 실험을 통해 그는 도움을 요청할 때, 이유를 대기만 하면 성공률이 눈에 띄게 올라간다는 사실을 발견했다. 그저 사람들이 '왜냐하면'이라는 말을 좋아하고, 이에 익숙하기 때문이다.

실험 결과, "선생님, 혹시 제가 먼저 복사해도 될까요?"라는 말에는 60%만이 응했고, "선생님, 혹시 제가 먼저 복사해도 될까요? 왜냐하면 제가 좀 급하거든요."라는 말에는 93%가 부탁을 들어주었다. 다시 말해, 사람들은 이유가 없는 일에 대해서는 대부분 '아니'라 말하지만, 이유가 있는 일에 대해서는 아무리 근거 없고 황당한 이유일지라도 받아들일 가능성이 크다.

"언덕을 이용하여 나귀에서 내린다."라는 말이 있다. 나귀의 높은 등에서 그냥 내리면 다칠 위험이 있기 때문에, 비스듬한 언덕을 이용해 나귀의 등에서 내린다는 말이다. 이처럼 상대방에게 이유라는 하나의 계단을 주어서 상대가 그 이유를 딛고 부탁을 들어주게만 하면 된다.

X로 인해 Y가 생긴 상황에서, X를 받아들인 상대는 자동으로 Y를 받아들이게 된다. 이유 하나를 제시함으로써 상대방이 우리의 '진술' 혹은 '부탁'을 쉽게 받아들이게 하는 것, 이 논리가 바로 '인과'이고, 우리가 배울 두 번째 최면 어법이다.

"너는 분명 잘될 거야!"

우리가 자녀 또는 부하직원에게 이런 긍정적인 격려를 했을 때, 상대방의 뇌에는 다음과 같은 의문이 생기기 마련이다.

"내가 진짜 잘될 수 있을까? 왜? 무슨 근거로?"

이때 말을 살짝 바꿔서 격려해 보자.

"이렇게 열심히 하다니, 너는 분명 잘될 거야!"

상대방이 쉽게 받아들일 수 있는 '이유'를 제시하면 그의 의식은 경계를 풀고, 우리의 말은 바로 그의 잠재의식으로 들어간다. 다음의 최면 언어들도 살펴보자.

"너는 분명 공부를 잘할 거야, 왜냐하면 너는 성실하니까."

"너는 반드시 이 언어의 기술을 터득했을 거야, 왜냐면 너는 열심히 연습했으니까."

"너는 미래에 분명 풍족한 삶을 살게 될 거야, 왜냐하면 너는 정말 열심히 살고 있으니까."

이러한 인과 논리 속에서 '이유'가 진짜라면 '결과' 또한 잠재의식에 의해 진짜라고 판단한다. 상대방에게 '이유'를 주면 그는 더욱 쉽게 '결과'를 받아들인다. 그 둘의 논리 관계가 잘 성립되지 않을지라도 말이다. 이 인과법은 자존감이 낮은 사람을 도와주는 데에 큰 효과가 있다. 만약 당신이 무작정 그들을 칭찬하면 그들은 자신을 비웃는다고 생각할 것이 분명하다. 하지만 당신이 한 가지 이유를 찾아내어 칭찬에 덧붙인다면 그는 기분 좋게 받아들인다.

"당신이 오늘 입은 옷을 보아하니, 매우 품위 있는 사람이군요."

"이런 일도 편안하게 완수해내는 것을 보니, 당신은 큰 잠재력을 가진 사람임이 분명해요."

인과 관계를 가진 이런 최면 언어들은 분명 많은 사람의 인생에 특별한 말들로 전해져 엄청난 결과를 몰고 올 것이다.

'X=Y'로 시청자를 사로잡는
광고 효과

사용하기 쉬운 동일시 어법

전통 최면 치료사들이 최면을 진행할 때 많이 하는 말이 있다.

"자, 이제 숨을 깊게 들이마셨다 뱉으세요. 심호흡을 할수록 온몸이 편안해지고 마음은 차분해질 겁니다."

사실 심호흡과 몸이 편안해지는 것에는 별 관계가 없다. 하지만 이 둘을 연결 지었을 때 최면의 효과가 나타난다. 일상 속 광고에서 이런 현상을 자주 볼 수 있다.

진정한 남자의 상징, ○○ 면도기.

아름다운 여자가 되는 길, ○○ 화장품.

○○ 자동차, 세계 최고 안전한 자동차.

면도기와 진정한 남자는 사실 아무런 관련이 없는 서로 다른 개념이다. 하지만 이 둘을 묶었을 때, 당신은 전혀 위화감을 느끼지 못했고 알게 모르게 받아들였다. 이건 또 무슨 최면 어법일까?

이 최면 언어는 인과법과 어느 정도 비슷하다. X로 인해 Y가 생겼으니, X를 받아들인 상대방은 더욱 쉽게 Y를 받아들인다는 것이 인과법의 논리였다.

지금 살펴볼 최면 언어는 이보다 더 간략하다. 이 최면 언어는 X와 Y를 곧장 동일선상에 놓아 버린다. 즉, 서로 아무런 관련이 없는 두 가지 일을 동등하게 만들어 버리는 것이다. 이런 어법을 우리는 '동일시 어법'이라고 부른다. 동일시 어법은 비교적 사용하기 쉽다. 그저 상대방이 지닌 자질을 우수한 특성과 동일시하면 긍정적인 최면 작용을 일으킬 수 있고 상대방에게 긍정적인 격려가 될 수 있다. 예를 들어보자.

"안경 낀 사람들은 모두 학문에 조예가 깊다."

"배우는 것을 좋아하는 사람들은 모두 긍정적이다."

"요리할 줄 아는 사람들은 모두 행복하다."

'안경을 낀 것'과 '학문에 조예가 깊은 것', '배우는 것을 좋아하는 것'과 '긍정적인 것', '요리할 줄 아는 것'과 '행복'.

사실 이들 사이에 직접적인 관계는 없다. 하지만 우리가 이것들을 동일시할 때 상대방의 잠재의식은 이를 거부하기 어렵다. 자신도 모르는 사이에 우리가 전한 긍정적인 명령이 내면에 각인되기 때문이다.

질문 속에 숨겨진 가설,
'답정너' 기술

우리가 하는 말속에는 은연중 '가설'이 내포되어 있다. 먼저 가설의 개념부터 다시 살펴보자.

A가 있어야 B가 있을 수 있다면, A는 B의 필수조건이다. 만약 B가 성립되었다면 자연스레 A도 성립되었다는 말이다. 여기서 A가 바로 '언어 속의 가설'이다.

예를 들어, 당신이 "그 사람 몇 년형 받았어?"라고 물었다면 이 질문 속에는 '그 사람은 범죄를 저지른 사람이다'라는 가설이 숨겨져 있다. 범죄를 저지른 사람만이 형을 받고, '범죄'는 '형벌'의 필수조건이다. 여기서 '범죄'는 이 질문 속에 숨겨진 가설이다. 가설과 비슷한 것으로 예설이 있다. 예설은 최면술사가 최면 명령을 할 때 쓰인다.

"자, 지금부터 당신의 몸에 집중해 보세요, 그리고 어느 부분이 편안해지는지 느껴 보세요." 이 말을 들은 당신은 자기도 모르게 이 말을 따라 자기 몸에서 제일 편안한 부분을 찾게 된다.

"발이 편안해졌어요."

이것이 바로 예설隱設이다. 예설이란 하나의 긍정적인 명령을 전제 가설 안에 숨겨서 당사자가 인지하지 못한 상황에서 그 명령을 받아들이게 만드는 장치이다. 이는 삶을 더욱 좋은 방향으로 나아가게 한다. 아주 좋은 예설 문구들을 예시로 들어 보겠다.

이 책을 다 읽은 후, 당신의 삶에는 어떤 좋은 변화들이 생겼나?

(숨겨진 예설: 당신의 생활에는 반드시 좋은 변화가 일어났을 것이다.)

이 책을 읽기 전, 당신은 이렇게 많은 것을 얻을 거라 생각했는가?

(숨겨진 예설: 당신은 반드시 얻은 것이 있을 것이다.)

어떤 방법을 통해 당신 앞에 놓인 문제를 해결할 것인가?

(숨겨진 예설: 당신은 이미 문제를 해결할 방법을 가지고 있다.)

당신은 어떤 방식으로 사회에 공헌할 계획인가?

(숨겨진 예설: 당신은 반드시 사회에 공헌할 것이다.)

여기까지 읽었다면, 이제 이 최면 어법을 활용하여 자신만의 최면 문장을 만들어서 자녀 또는 배우자에게 긍정의 최면을 걸어 보자.

친밀감을 높이는
'텅 빈 단어' 기법

최면은 하나의 상위 분류 범위가 비교적 넓은 틀을 세우고 공백을 남겨서 당사자가 그 공백을 메꾸게 하는 것이다.

이번에 소개할 '텅 빈 단어'는 딱 보기에도 아주 좋은 공백이다. 이것은 하나의 과정을 하나의 속이 텅 빈 명사로 만든 뒤 당사자가 자유롭게 이 텅 빈 틀을 자신과 관련 있는 내용으로 채우게 만드는 것이다.

최면 치료사가 자주 쓰는 말을 예로 들어보자.

"자, 느낌에 집중하세요⋯."

그는 어떤 느낌이라고 지정하지 않았다. 편안한 느낌인지, 안락한 느낌인지, 설레는 느낌인지, 행복한 느낌인지, 그건 최면을 받는 당사자의 몫이다. 이런 느낌을 유지하고 그 속에 빠져들어 자신만의 생각을 갖게 하는 것이 '텅빈 단어'법의 목적이다.

느낌이란 본래 하나의 과정이고 '느끼다'라는 하나의 동사에서 나온 파생어이다. 하지만 이렇게 명사화된 이후에는 하나의 틀로 변한다. 그리고 이 말을 들은 사람은 자신의 느낌을 그 속에 채우려고 한다. 최면 치료사가 자주 쓰는 '텅 빈 단어'들은 소통, 느낌, 허용과 같은 단어들이다. 상대를 어떤 특정 상태로 이끌고 싶다면 다음과 같은 방식으로 말해 보자.

"저는 여러분 사이에 좋은 소통이 있으리라 생각해요."
"이 책을 다 읽고 난 후, 그 느낌을 간직하세요."
"나는 당신의 느낌을 이해합니다."
"당신은 이 일에 대해 아주 좋은 견해를 갖고 계시군요."
"우리는 반드시 좋은 협력을 이룰 것입니다."

만일 상대방과 거리를 좁히고 친밀감을 높이고 싶다면 '텅 빈 단어'법을 이용하면 된다. 상대의 하얗게 빈 공백에 소통, 느낌, 이해와 같은 공감의 단어를 넣으면, 상대는 어느새 빗장을 풀고 그 비어 있는 공간에 당신과 가까워질 친화력의 다리를 차곡차곡 쌓고 있을 것이다.

'항상', '모든'을 비틀어
긍정적으로 사용하기

'장님 코끼리 만지기'는 우리 모두에게 익숙한 이야기다. 장님 다섯 명이 코끼리를 만진 뒤 각자 다른 모습으로 말하고는 서로 자신의 말이 옳다며 우겼다. 도대체 누가 옳을까? 사실 그들은 모두 코끼리의 일부분만 만지고 이를 전체로 여겼다. 당연히 그들이 인지한 것은 코끼리의 실제 모습이 아니다.

장님 코끼리 만지기는 사람들이 사건 '일부'로 '전체'를 판단하는 문제를 지적하고 있다. 아무리 눈과 귀가 밝은 사람이라도 이러한 실수를 범할 수 있다. 심리학에서는 이를 '고정관념'이라 부른다. 사람은 어느 한 부류의 사람 혹은 사물에 대해 고정적이거나 대략적인, 또는 두루뭉술한 관점을 가지곤 한다.

어떤 사람 또는 사건이 이런 관점에 닿으면 사람의 뇌는 더 이상 그에 대해 자세히 탐색하지 않으며 곧장 이미 형성된 관점을 통해 결론을 내리고, 일부분으로 전체를 판단해 버린다.

이러한 주관적인 억측은 판단과 결정에 영향을 미쳐 우리가 사람이나 사건에 대해 분명하고 완전한 인식을 하지 못하게 한다.

사물을 전면적으로 인식하는 각도에서 봤을 때, 일부분으로 전체를 판단하는 것은 성급한 일반화의 오류일 수 있지만, 이런 부정적인 결과도 살짝 각도를 비틀어본다면 긍정적이고 유익하게 작용할 수 있다.

최면 당사자가 행한 긍정적인 일 중에 간단하고 단순한 일을 골라 일반화해 보자. 당사자는 자신이 했던 긍정적인 행위를 강화할 수 있으며, 이 간단한 사건에서 시작해 점차 좋은 습관을 기르고 결국에는 인생을 완전히 바꿀 수 있다. 예를 들어 아이가 기말고사에서 등수를 올렸다면 우리는 아이를 이렇게 칭찬할 수 있다.

"어쩜 이렇게 한결같이 훌륭하니?"

기념일에 남편이 선물을 해 줬다면, 이렇게 감사를 표할 수 있다.

"여보 고마워요, 당신은 날 사랑하는 걸 항상 잊지 않는군요."

일부분으로 전체를 판단하는 최면 어법 중에 자주 등장하는 단어로는 '한결같이', '늘', '항상', '모든', '없다' 등이 있다. 우리는 이 단어를 이용해 이렇게 말할 수 있다.

"너는 한결같이 공부를 좋아하는구나."

"배우기를 좋아하는 모든 사람은 점점 발전할 게 분명하다."

"희망은 항상 존재한다."

"잠재력이 없는 사람은 없다."

그런데 여기서 주의할 것이 있다. 낙관주의자는 작고 아름다운 일로 전체를 판단하는 반면, 비관주의자는 이와 반대로 작고 나쁜 일로 전체를 판단해 버린다. '부분으로 전체 판단하기' 기술을 사용할 때, 낙관주의자와 같은 방식으로 사건을 대해야 한다는 점을 기억해야 한다. 만일 비관주의자와 같은 판단을 마주한다면 우리는 또 다른 언어 방식으로 역최면을 걸어야 한다. 이에 관해서는 뒤에서 자세하게 다루겠다.

상대를 움직이는
'아마도'와 '마땅히'

인간의 뇌는 두 가지 특징이 있다.

첫째, 스스로 공백을 메꾸려 하고, 미지에서 확실성을 찾으려 한다. 둘째, 스스로 결정하는 것을 좋아하고, 남이 자신의 인생을 결정하는 것은 좋아하지 않는다.

만약에 우리가 누군가에게 직접 명령을 내린다면 상대방의 의식은 곧바로 경보를 울리며 방어 태세를 갖출 것이다. 그러면 우리의 명령이 그의 잠재의식 속으로 진입하는 것은 매우 어려워진다. 그렇다면 어떻게 해야 효과적으로 지시를 전달할 수 있을까? 최면술사들은 어떻게 하는지 한번 살펴보자.

"당신이 원한다면 눈을 감아도 좋습니다."

이 말은 최면 중에 자주 쓰는 말이다. 몇몇 어설픈 최면술사들은 "눈을 감아 주세요."라고 말하곤 한다. 이 둘에 과연 어떤 차이가 있을까? 의외로 이 차이는 매우 크다. '눈을 감아 주세요'라고 직접적인 지시를 내렸을 때, 당사자의 의식은 다음과 같이 묻는다.

'내가 왜 눈을 감아야 하지? 갑자기 눈을 감으면 무슨 일이 일어나 는 거지?' 즉, 이런 반응은 의식의 방어 기능을 불러일으킨다.

반면, "당신이 원하신다면 눈을 감아도 좋습니다." 이 말은 상대방에게 선택의 공간을 주어서 안전하고 확실하다고 느끼게 해주며 자연스럽게 눈을 감을 수 있도록 한다. 또한 이는 자신의 결정이므로 전혀 거부감을 느끼지 않는다. 언뜻 보기에 전혀 차이가 없어 보이는 두 마디 말이 완전히 다른 결과를 낳는 것이다.

2003년 칼스버그 맥주는 새로운 광고 카피를 내놓았다.

"칼스버그, 아마도 세계 최고일 맥주."

만약에 칼스버그가 자신이 세계에서 가장 맛있는 맥주라고 단정했다면 분명 많은 공격을 받았을 것이다. 하지만 '아마도'라는 세 글자를 넣음으로써 아무도 칼스버그를 공격할 수 없게 되었고, 동시에 많은 사람의 마음속에 칼스버그는 '세상에서 가장 맛있는 맥주'라는 인식을 심어 주었다.

그렇다면 '눈을 감아도 좋습니다', '아마도 세계 최고일 것', 이 두 문장 안의 어떤 요소가 능력을 발휘한 것일까? 앞서 예설은 자신이 원하는 가설을 문장 속에 넣는 것이라고 이야기했다. '~해도 좋습니다'와 '아마도', 이런 표현들 또한 마찬가지로 '가능성' 혹은 '필수성'의 규칙을 문장 속에 숨겨서 상대방이 반항하고 부정할 수 없게 한다.

이것이 바로 일곱 번째 최면 어법, '가능성 과 필수성'이다.

'가능성과 필수성'이라는 최면 어법에 쓰이는 용어로는 '~할 수 있다', '~할 수 없다', '해야 한다', '마땅히', '분명' 등이 있다. 예를 들어보자.

"당신은 더 나은 삶을 살아야 합니다."
"당신은 더욱 부유해질 수 있습니다."
"당신은 분명 오늘의 결정에 감사할 것입니다."
"당신은 마땅히 자신을 잘 대해 줘야 합니다."

이 말을 들은 사람은 암암리에 지시를 받게 된다. 자신은 눈치채지 못하겠지만 그의 내면은 자기도 모르게 이를 전면적으로 받아들인다.

사람과 사람 사이의 유대는 결국 소통으로 이뤄진다. 최면 기술을 어느 정도 알면 한편으로는 우리의 불안 지수를 낮추어 마음을 더욱 평온하게 만들 수 있고, 다른 한편으로는 타인과의 소통이 더욱 원활해지고 좋은 인간관계를 구축할 수 있다.

이 밖에도 타인을 더 잘 이해할 수 있고, 내면의 긍정적인 에너지를 방출하여 전달할 수 있게 된다. 이 몇 가지 언어 기술을 터득하면 아마도 더 나은 삶을 누릴 수 있을 것이다.

주체를 숨기는
'두루뭉술 기법'

노래 가사에는 주체가 없을 때가 많다. 그래서 그 노래를 듣다 보면 가사가 자신의 이야기라고 생각하게 된다. 흘러나오는 선율을 따라 사람들은 각기 자신의 상황이나 과거의 경험을 떠올린다. 그것은 우리를 감동시키기도, 울리기도, 최면에 걸리게 하기도 한다. 여기에는 어떤 최면 기술이 사용된 걸까?

어떤 일에 대해 말할 때, 그게 누구의 일인지, 누가 말한 건지, 누굴 말하는 건지 언급하지 않고 주체를 숨겨 버리면 상대방은 자기 자신을 그 이야기 속에 투영시키며 마치 자신의 이야기인 것처럼 생각한다. 이게 바로 여덟 번째 최면 어법, '주체 상실'이다. 주변 사람을 격려할 때 나는 주로 이렇게 말한다.

"공부는 정말 중요하죠."

"새해에는 기회를 잡고, 한 단계 더 올라가야겠어요."

"신경 언어 프로그래밍을 배우고 난 뒤부터 인생이 더욱 활기 있어요."

"교실에 들어서면 뭔가 온몸에 에너지가 도는 느낌이에요."

"심리학을 배운 뒤부터 인간관계가 훨씬 좋아졌어요."

이 문장에는 주어가 없다. 이처럼 주체 상실 어법을 사용하여 정확한 대상을 말하지 않으면, 듣는 사람은 자동으로 자신을 문장의 주어로 대입시킨다.

"맞아, 공부는 나에게 정말 중요하지."

"맞아, 이번 연도에는 반드시 기회를 잡아서 한 단계 더 성장하는 내가 되겠어!"

"그치, 앞으로 내 인간관계는 점점 더 좋아질 거야."

이 언어 기술을 사용하면 우리는 어떤 한 사람의 이야기로 모든 사람에게 영향을 줄 수 있다.

그림 그리기에는 한 가지 굉장히 중요한 기술이 있는데, 바로 여백을 남기는 것이다. 그림을 그릴 때 의도적으로 여백을 남기면 그림을 더욱 아름답게 완성할 수 있을 뿐 아니라 보는 사람에게 무한한 상상을 할 수 있게 한다. 장자莊子는 이렇게 말했다.

> "마음이 텅 비어야 바탕이 나타나며, 길상(길하고 상서로움)이
> 그곳에 머문다."
> 즉, 방 안에 물건이 가득하면 햇빛이 뚫고 들어오지 못하고,
> 비어 있는 방일수록 탁 트이고 환하며 좋은 일들이 끊이지 않
> 고 일어난다는 뜻이다.

여백의 기술은 말에도 똑같이 적용된다. 말이 길다고 해서 많은 것을 담고 있는 것은 아니다. 알맞은 시기에 그에 어울리는 공백을 남기면 보다 좋은 효과를 얻을 수 있다. '주체 상실' 최면 어법에서는 주어를 생략하는 방법을 배웠다. 이어서 또 다른 여백을 남기는 언어 기술을 배워 보자.

'비교'도 때론
약에 쓸 데가 있다

두 친구가 숲속에서 맹수를 만났다. 그중 한 명은 재빠르게 가방에서 편한 운동화를 꺼내 갈아 신었다. 그 모습을 본 다른 친구가 말했다.

"그런다고 도망칠 수는 없을 것 같은데?" 그러자 그 친구가 대답했다.

"나는 자네만 제치면 돼."

이 이야기에 어떻게 친구를 희생시킬 생각을 하느냐며 너무 비도덕적이라고 하는 사람이 있을지도 모르겠다. 도덕 문제는 일단 배제하고 생각해 보면, 이 이야기는 인간이 왜 그렇게 다른 사람과 비교하기 좋아하는지 잘 설명해 준다.

치열한 생존 환경에서는 주변 사람보다 우수한 사람이 더 많은 생존 기회를 얻는다. 다윈의 진화론의 근본인 '자연도태, 적자생존'은 정글 법칙의 깊은 뜻을 잘 해석해 냈다. 재난이 왔을 때, 생존 확률이 높은 사람은 어떤 사람일까? 당연히 '누군가와 비교해서 달리기가 좀 더 빠른 사람'이다. 따라서 '비교'는 인류의 본성이고, 생존을 위한 필수 수단이다.

> 원시 시대부터 인간은 생존하기 위해 비교를 일삼았고, 그것은 유전자 속에 깊숙이 각인되어 오늘날까지 전해졌다. 이는 우리에게 더 많은 생존 기회를 얻게 해주며, 우리는 자신이 원하든 원치 않든, 자기도 모르게 타인과 비교하고, 자신이 주변 사람보다 낫다는 것을 확인했을 때에야 비로소 안심한다.

하지만 많은 경우 다른 사람과의 비교는 오히려 화병만 일으킨다. 모든 방면에서 남들보다 뛰어날 수는 없기 때문이다. 그렇다면 어떻게 해야 할까? 최면술사는 한 가지 어법을 발견했다. 바로 비교의 대상을 삭제하는 것이다. 이게 바로 '비교 줄이기' 최면 어법이다.

'비교 줄이기'란 비교할 때 비교의 대상을 없애고 공백을 남기는 것을 말한다. 구체적인 비교 대상이 없으면 사람들은 비교하는 중에 상처를 받지 않게 된다. 그 여백을 자신이 알아서 채우게 하면 긍정적인 암시 작용을 일으킬 수 있다.

예를 들어 아이에게, "갈수록 재능이 생기네!"라고 말해 보자. 이 말에 구체적인 비교 기준이 있는가? 시간, 대상 모두 배제되었다. 하지만 아이는 오히려 좋아하며 더 노력해서 발전하겠다고 다짐하게 된다.

다음의 비교 줄이기 예시들을 보자. 이 말들이 누군가와의 비교 없이 한 사람의 인생을 더욱 굳건히 지지하게 만들 것이라는 걸 믿어 의심치 않는다.

"당신은 더 잘할 수 있어요."

"보기에 점점 더 안정적으로 되는 것 같네요."

"이 책을 다 읽고 난 후, 당신의 대화 수준은 더 높아질 거예요."

"당신은 더 나은 삶을 살 가치가 있습니다."

"당신의 인생은 점점 더 나아질 것입니다."

• 위기에는 반드시 기회가 있다.

• 이득이 있으면 손실이 있는 법, 모든 일에는 양면성이 있다.

• 모든 사람은 성공할 자원을 가지고 있다.

• 모든 씨앗이 싹을 틔울 유전자를 가지고 있듯이 말이다.

- 노력보다 중요한 것은 선택이다.
- 모든 문제에는 세 가지 이상의 해결방법이 있다.

이 모든 말은 듣기에 다 맞는 말인 것 같다. 누구나 이 말들에 쉽게 공감하고 인정할 것이다. 그런데 이 말들은 대체 누가 한 말들일까? 누가 한 말인지는 밝히지 않고 하나의 공백으로 남겨져 있다. 공백을 남기자 더 받아들이기가 편해졌다. 왜 그럴까? 생각해 보자.

만약 이 말을 한 사람이 당신이 보기에는 그다지 권위가 있는 사람이 아니며, 심지어 별로 좋아하지 않는 사람이라면, 그의 말이 아무리 옳은 말일지라도 당신의 내면에는 반항심만 생길 것이다. 그리고 의식은 자연스럽게 "왜?", "어째서?"라는 의구심을 던지게 된다.

따라서 상대의 방어 의식을 없애고 의견이 직접적으로 상대방의 잠재의식에 도달하도록 화자를 숨겨 버린다. 이름하여 '불명확한 화자' 어법이다.

'불명확한 화자' 어법이란 어떤 말을 인용할 때, 누가 한 말인지 밝히지 않아서 마치 그 말이 진리인 것처럼 만들어 상대방이 쉽게 받아들이게 만드는 방법이다. 물론 철학, 이상 또는 진리에 관해 얘기할 때 사람들은 습관적으로 '소크라테스가 말하길', '카네기가 말하길', '~가 말하길'을 붙인다. 더 설득력 있기 때문이다. 하지만 이는 '누구누구'가 권위 있다는 전제하에 효과가 있다. 이것도 일종의 최면 어법인데 뒤에서 좀 더 자세히 다루겠다.

당신이 권위 있는 인물이 아니라면, 혹은 당신이 표현하고자 하는 관점이 어느 권위 있는 사람의 관점이 아니라면, 다음과 같은 방법을 사용하면 된다.

화자를 숨겨서 그 문구의 출처를 불분명하게 한다. 그러면 사람들은 그것을 진리인 것처럼 대하며 의심도, 반항도 하지 못한다. 예를 들어 다음 문장들을 살펴보자.

"실패 없이 얻을 수 있는 것은 없다."

"함께 살기 어려운 사람은 없다, 고집스러운 소통만 있을 뿐."

"사람의 행동이 그의 본질을 대변하지는 않는다."

"자원이 없는 사람은 없다. 자원이 부족한 상태만 존재할 뿐."

"육체와 마음은 하나의 시스템이다."

"소통의 의미는 어떤 반응을 얻느냐에 있다."

"모든 행동의 배후에는 긍정적인 동기가 있기 마련이다."

"배움을 얻기 위해서는 행동이 있어야 한다."

"과거의 행동을 반복하면 과거의 결과를 얻을 수밖에 없다."

어떤가? 아마도 대부분 마음에 와닿는 문장일 것이다. 이 문장들은 신경 언어 프로그래밍이 전제로 깔고 가는, 강한 힘이 있는 신념이다. 이 말을 누가 했든 그것은 중요하지 않다. 이 문장들을 내가 어떻게 받아들이고 이용하는지가 중요하다. 그리고 이 문장들은 분명히 당신의 인생에 어느 정도 도움을 줄 것이다.

목적어가 상실된
문장의 강력한 최면 효과

"자, 숨을 깊게 들이마시고, 당신의 내면에 집중하세요. 이제부터 내면으로 들어가 듣고, 보고, 느껴 보세요….."

최면술사들이 자주 하는 말이다. 그는 당신에게 듣고, 보고, 느끼라고 지시를 내린다. 하지만 무엇을 듣고 보고 느끼라는 건지는 말해주지 않는다. 이것도 일종의 공백을 남기는 최면 기술, '불명확한 동사'이다. 불명확한 동사란 동사 앞에 명확한 설명을 붙이지 않고 개방된 공간을 주어서 듣는 이로 하여금 자유롭게 상상하게 만드는 방법이다. 여기에는 다음과 같은 말들이 있다.

"당신이 알고 있다는 걸 알아요."

"당신이 느낄 수 있는 걸 느껴 보세요."

"당신이 원하기만 한다면 할 수 있어요."

"발전하고 싶다면 배워야 합니다."

이런 문장들을 우리는 생활 속에서 어떻게 쓸 수 있을까? 배우자를 격려할 때, 다음과 같이 말할 수 있다.

"당신이 원하기만 한다면 완벽한 남편(아내)이 될 수 있어요."

무엇을 원하는 건지는 여백으로 남겨 두자. 그러면 상대방은 자신이 더욱 완벽해질 수 있는 일을 스스로 찾아서 하게 된다. 자녀를 격려할 때는 이렇게 말할 수 있다.

"네가 노력만 한다면 넌 더욱더 발전할 수 있어."

어떤 노력일까? 그것은 중요하지 않다. 그저 무한한 여백을 남겨 두자. 그러면 아이는 공부뿐만이 아닌 모든 방면에서 노력하게 될 것이다. 이처럼 제한을 두지 않는 동사는 우리에게 틀이 없는 무한한 세계를 제공한다. 우리는 그 속에서 우리가 원했던 일들을 펼칠 수도, 원대한 꿈을 꿀 수도 있다.

'부가의문문'이 붙으면
상냥해지는 명령문

방과 후 집으로 돌아온 아이는 신이 나서 장난감을 잔뜩 꺼내 놀기 바쁘다. 아이의 책가방을 열어보니 알림장에는 오늘 내준 숙제가 많으니 빠짐없이 챙겨달라는 선생님의 부탁이 적혀 있다. 이때 당신은 어떻게 할 것인가?

첫 번째 방법: (정색하고 양손을 허리춤에 올린 채)

"빨리 가서 숙제해. 숙제 다 하기 전에는 절대 못 놀아!"

두 번째 방법: (상냥스러운 얼굴로)

"숙제부터 다 하고 놀면 마음이 더 편할 것 같은데, 어때?"

이 두 방법은 각각 어떤 결과를 불러올까? 타인에 의해 강요되었을 때 사람의 마음에는 자연스레 반항심이 생기기 마련이다. 똑같은 일이라도 스스로 원해서 하는 것과 강제로 하는 일의 효과는 눈에 띄게 다르다.

첫 번째 방법으로 아이에게 말했을 때, 아이는 엄마의 으름장에 어쩔 수 없이 숙제를 할 수는 있겠지만, 엄마가 자리를 비우면 금세 딴짓을 할 가능성이 크다. 그리고 딴짓을 하지 않더라도 주도적이지 못한 아이로 자랄 확률이 높다. 반면 두 번째 방법은 강요가 아닌 엄마의 바람을 말하되, 아이의 생각을 물어보는 것처럼 이야기해 지시를 받은 아이로 하여금 본인에게 선택권이 있다는 느낌을 받게 한다. 그러면 아이는 적극적으로 행동하게 된다.

소통 과정에서 상대방에게 직접적으로 명령을 내리면 상대방의 화를 돋울 가능성이 크다. 이때 명령어 뒤에 의문문을 하나 더하면, 상대방은 이를 쉽게 받아들이게 된다. 예를 들어보자.

"너는 분명 제시간에 숙제를 마칠 거야. 그렇지 않니?"

"당신은 일을 더 잘할 수 있습니다. 그렇죠?"

"배우려는 사람에게는 늘 운이 따르죠. 그렇지 않나요?"

"당신은 더 나은 삶을 살 자격이 있습니다. 그렇지 않나요?"

부가의문문은 서술문이나 명령문 끝에 붙어서 상대방에게 물어보거나 동의를 구하는 짧은 의문문이다.

일상 속에서 많은 부부가 말투 문제로 인해 다투고는 한다. 어떤 사람들은 부부처럼 가깝고 익숙한 사이에 서로 물어보고 상의할 필요가 뭐가 있냐고 말한다.

"내 셔츠 좀 세탁해 줘."

남편이 아내에게 말했다. 그러자 아내는 짜증을 내며 말했다.

"내가 당신 하인이야?"

"퇴근하고 바로 집으로 와."

아내가 남편에게 말했다. 그러자 남편이 화내며 말했다.

"내가 당신 아들이야?"

이 문제를 해결하는 방법은 매우 간단하다. 쓸모없다고 생각하지도, 귀찮다고 여기지도 말고 그저 끝에 짧은 한마디만 덧붙이자.

"여보, 셔츠 세탁 좀 부탁하고 싶은데, 될까요?", "여보, 당신이 퇴근하고 바로 왔으면 좋겠는데, 어때요?" 이러면 부부 관계는 금세 좋아질 것이다.

부가의문문 없는 명령적 언어는 딱딱하고 정이 없어 보인다. 이런 말은 명령을 내리는 느낌이 강조되며, 상대방은 어쩔 수 없이 받아들여야 할 것 같은 느낌을 받는다. 그러면 상대방의 마음속에는 자연스레 "내가 왜?", "어째서?", "안 해!"와 같은 반항심이 생긴다.

반면에 간단한 부가의문문이 추가되면 문장 전체는 두 사람이 같은 위치에서 함께 상의하는 분위기를 띠게 되고, 상대방의 반항 심리는 눈에 띄게 작아진다. 지시는 한순간에 부탁으로, 상대방이 쉽게 받아들일 수 있게 바뀐다. 이것이 바로 부가의문문의 매력이다.

'따라 말하기'로 얻는
공감의 효과

전통 최면술사들이 자주 쓰는 방법이 있다. 우선 상대의 현재 상태를 묘사한 후 마지막에 최면 지시를 내린다.

"당신은 의자에 앉아 있고, 등은 의자에 기대어져 있습니다. 당신의 몸은 이제 편안해집니다."

여기서 앞의 문장, '당신은 의자에 앉아 있고, 등은 의자에 기대어져 있습니다'라는 말은 상대가 현재 경험하는 상황이어서 부정할 수 없는 것이다. 이어서 최면술사는 최면 지시인 '당신의 몸은 이제 편안해집니다'를 덧붙인다. 상대는 쉽게 이를 받아들이고 최면술사의 지시대로 행동하게 된다. 여기서 사용한 방법이 바로 '거절할 수 없는 명령' 언어 기술이다. 이와 유사한 방법도 있다.

"당신이 의자에 앉았을 때, 몸은 편안해지기 시작합니다."

앞의 말은 '현실'에 일어난 일이고, 뒤의 말은 화자가 원하는 상황, 즉 '지시'이다.

"편안한 자세를 찾아서 앉은 뒤 등을 의자 등받이에 기대고, 두 발을 바닥에 붙이고, 두 손을 허벅지에 올린 상태에서 숨을 크게 들이마십니다."

앞에 말한 몇 마디는 실제로 일어난 일이고 마지막 한마디인 '숨을 크게 들이마십니다'는 최면술사의 지시이다. 이런 언어 환경에서 상대방은 최면술사의 지시대로 자연스럽게 숨을 들이마시게 된다.

이 방법을 일상생활에서는 어떻게 사용할 수 있을까? 다음 문장을 한번 읽어 보자.

"여기까지 읽었을 때, 당신은 언어 수준이 어느 정도 발전했다는 것을 알게 될 것입니다."

느낌이 어떤가? 그렇게 느껴지지 않는가? 이 문장에 쓰인 방법이 바로 '거절할 수 없는 명령' 최면 기술이다. 앞의 한마디는 실제 '발생'한 일이고, 뒤에 한마디는 '지시'이다.

"우리가 알고 지낸 지 벌써 10년이 지났네, 너는 날 믿을 거야."

"오늘 날씨도 좋은데, 즐겁게 일해 보자!"

"좋은 음식, 좋은 술, 좋은 친구."

이 말들이 효과적인 것은 문장 앞부분 내용이 실제 일어난 일이고, 뒷부분은 화자의 희망 사항이기 때문이다.

> 부인할 수 없는 방법으로 상대방의 현재 상황을 묘사하고 나서 최면 지시를 내리는 것이다. '거절할 수 없는 명령' 어법에서는 앞에 서술되는 말이 매우 중요하다. 그 말은 상대방의 잠재의식으로 하여금 서로가 같은 소통 선상에 있다고 느끼게 한다. 즉, 마치 최면을 거는 것처럼 현재 우리는 같은 상태에 있다는 걸 주지시켜주면, 이야기를 듣는 사람은 부지불식간에 상대가 '내 사람'이라고 느끼게 되는 것이다.

인간관계에는 '내 사람 효과'라는 것이 있다. '내 사람'이란 자신과 같은 가치관과 지향하는 바가 같은 사람을 뜻하기도 하고, 자신과 같은 지역 또는 조직에 속해 있는 사람을 뜻하기도 한다. 사람들은 '내 사람'과 어울리기를 더 선호하고, 내 사람을 마주했을 때 마음이 더 편하고 스트레스가 덜하며, 경계심을 품지도 않고, 그의 말을 쉽게 신뢰한다.

사람들과 소통할 때, 앞서 말한 원리를 이용해서 우리는 한 가지 언어 기술을 응용할 수 있다. 바로 '따라 말한 뒤 인솔하기'이다. 방법은 간단하다. 우선 상대방이 한 말을 따라 말하자. 두 문장 정도 따라서 말하는 게 제일 좋다. 그리고 나서 상대방을 우리가 원하는 방향으로 인솔하면 좋은 소통의 결과를 얻어 낼 수 있다.

다음은 내가 수업 시간에 수강생과 함께 연습한 예시이다.

나 당신의 고향은 어디인가요?

수강생 부산입니다.

나 (부산에서 왔군요, 부산은 아주 좋은 곳이지요.)

당신이 이곳에 와서 배우는 이유는 무엇인가요?

수강생 선생님을 존경하기 때문이지요. 저는 선생님으로부터 많은 에너지와 지식을 얻어가고 싶습니다.

나 (다른 사람으로부터 에너지와 지식을 얻는 것을 중요하게 여기는군요. 그렇다면 당신은 배우는 것에 진심인 사람임이 분명하네요.)

어떤 일을 하시나요?

수강생 저는 금융 쪽에서 일하고 있습니다.

나 (금융 쪽에서 일하시는군요. 금융이라는 범위는 매우 광범위하지요.)

구체적으로 어떤 일을 하나요?

수강생 외국계 보험사의 책임자로 있습니다.

나 (보험사의 책임자로 계시는군요. 보험은 사람들에게 매우 중요하지요.)

당신은 자신의 직업에 만족하시나요?

상대방이 '한마디' 하면, 나는 그것을 따라서 말했다. 그랬을 때 상대방은 마치 소울메이트를 만난 것처럼 하나도 빠짐없이 말하게 된다. 자, 그러면 괄호 안에 있는 내용을 빼고 이 대화를 다시 한번 살펴보자.

나 당신의 고향은 어디인가요?

수강생 부산입니다.

나 당신이 이곳에 와서 배우는 이유는 무엇인가요?

수강생 선생님을 존경하기 때문이지요. 저는 선생님으로부터 많은 에너지와 지식을 얻어가고 싶습니다.

나 어떤 일을 하시나요?

수강생 저는 금융 쪽에서 일하고 있습니다.

나 구체적으로 어떤 일을 하나요?

수강생 외국계 보험사의 책임자로 있습니다.

나 당신은 자신의 직업에 만족하시나요?

느낌이 어떤가? 마치 죄인이 되어 심문을 받는 느낌일 것이다. 이런 느낌으로 계속해서 대화를 이어 나갈 수 있겠는가? 그건 좀 힘들다.

만약 어떤 사람이 고민을 털어놓는다면, '따라 말하고, 인솔하기' 언어 기술을 익힌 우리는 이렇게 말할 수 있다.

"얼마나 슬플지 잘 압니다. 그런 상황은 당신을 힘들게 할 것이 분명하죠. 이제 어떻게 할 생각인가요?"

앞의 두 문장은 따라 말하기이고, 뒤의 한 문장은 인솔이다. 이러한 언어 구성은 상대방에게 당신이 상대의 감정을 충분히 공감한다는 것을 알게 하는 한편, 다른 한편으로는 속마음을 다 털어놓고자하는 마음이 들게 만든다.

이에 비해 앞의 두 문장을 다 빼고 "이제 어떻게 할 생각인가요?"라고 단도직입적으로 말했다면 어떨지 상대방의 입장이 되어 느껴보자. 그는 성의 없다고 생각하거나 당신이 제대로 공감하지 못한다고 생각할 것이다. 그러면 속마음을 털어놓고자 하는 그의 욕망은 순식간에 사라지고 만다.

누군가와 대화하는 과정에서 적당히 상대방의 말을 반복하면 상대방에 대한 존중을 표현할 수 있을 뿐만 아니라, 문제와 결과에 대해 한층 더 깊게 접근할 수 있고, 대화에 상대방의 흥미를 돋울 수있으며, 관계를 더 가깝게 만들 수도 있다. 그런데 너무 과한 반복은 오히려 상대방에게 당신의 관심이 다른 곳을 향하고 있다고 느끼게 할 수도 있으니 주의하자.

선택할 수밖에 없는
'선택 없는 선택'

음식점에서 주문을 할 때 주인이 이렇게 물었다고 해 보자.

"국수사리를 하나만 추가하시겠어요, 아니면 두 개 추가하시겠어요?"

고객은 하나 또는 두 개 중에서 선택할 수 있는 것처럼 보이지만, 사실은 어떤 선택을 하든 모두 사리를 추가할 수밖에 없다.

이처럼 보기에는 선택지가 있는 것 같지만, 사실 어떤 선택을 하든 세워진 틀 안에 있을 수밖에 없는 최면 어법이 바로 '이중 혹은 다중 제약'이다. 이는 앞서 다뤘던 '예설' 최면 어법 중 한 갈래이다.

상대에게 두 가지 중에서 선택하게 하는 것이 이중 제약이고, 더 큰 선택의 범위를 주어서 선택하게 하는 것이 '다중 제약'이다. 예를 들어보자.

"나한테 어떤 걸 사 줄 계획이야? 중식, 양식, 한식?"
"언제부터 운동할 거야? 오늘, 내일, 아니면 내일모레?"

위의 두 문장을 제시하면 많은 사람이 중식, 양식, 한식 중 어떤 걸 사 줄지 생각하게 되고, 오늘이나 내일, 모레 중 하루는 운동을 해야 할 것처럼 느끼게 된다.

이와 같은 어법은 판매업계의 한 가지 공인된 철칙으로 인해 아주 유용하게 쓰인다. 이들은 고객에게 반드시 객관식 질문을 해야 한다. 주관식 질문은 절대 금지다. 바로 이런 식으로 말이다.

"이 세 가지 중에서 어떤 게 마음에 드나요?"

이것은 객관식 문제다.

"이 셋의 느낌은 어떤가요?"

이 질문은 주관식이다. 두 가지 질문 방식이 가져오는 결과는 완전히 다르다.

객관식 질문은 한 가지 가설을 숨겨 놓는다. 몇 가지 중에서 선택을 해야만 하는 것이다. 이게 바로 이중 혹은 다중 제약이다. 선택지가 있는 것처럼 보이지만, 상대방이 어떤 선택을 하든 우리가 세워 놓은 틀 안에 있게 되는 것이다.

이러한 이중 제약을 더 은폐해 놓는 방식도 있다. 상대는 애초에 이게 선택 문제인지조차 알 수 없지만, 사실은 하나의 선택이다. 예를 들어 이런 식이다.

"이 책을 읽기 전에, 당신은 언어 재능이 있다는 것을 알았습니까?"

당신의 대답이 '네'나 '아니요' 중 무엇이건 간에, '당신에게는 언어 재능이 있다'라는 암시는 이미 당신의 잠재의식 속에 입력되었다.

의식을 혼란시키는
'확장 인용 기법'

앞서 얘기했던 어법 중 '불명확한 화자' 기법은 화자를 숨기는 것이었지만, 그와 정반대로 화자를 강조하는 최면 어법이 있다.

다음 문장을 살펴보자.

"스티브 잡스는 '위대한 일을 해내는 유일한 방법은 자신이 하는 그 일을 사랑하는 것이다'라고 했습니다. 자신이 지금 하는 일이 비록 거창하지 않을지라도 그 일을 즐기고 사랑하면 언젠가 그 일은 위대한 일이 되어 있을 것입니다."

그저 누군가 '지금 하고 있는 일을 즐겨라'라고만 말한다면 와닿지 않을 수 있다. 하지만 스티브 잡스의 말을 인용해서 말을 한다면

'지금 하는 일을 사랑하면 위대한 일이 될 것이다'라는 말은 쉽게 받아들여진다.

이처럼 누군가가 한 말을 인용하는 '누가 말하길' 어법이 바로 '확장 인용'이다.

이 어법을 사용하면 상대방의 방어 심리나 반항심을 줄일 수 있다. 사람들은 권위 있는 사람이 한 말을 좀 더 잘 받아들인다. 하지만 만약 그 말을 한 사람이 권위 있는 사람이 아니라면, 그 화자를 숨겨 버리거나 다수의 화자를 끌어오는 방식으로 그 말의 신뢰성을 강조할 수 있다.

예를 들면 내가 여러분에게 이렇게 말했다고 해 보자.

"한번은 한 모임에서 낯선 사람을 만난 적이 있는데, 그의 친구의 할머니가 내 수업을 듣고 나서 심리학은 인생에서 가장 배울 가치가 있는 학문이라고 그에게 말했다고 했습니다."

이 문장은 얼핏 듣기에 좀 정신없어 보이기도 하는데 이게 바로 확장 인용의 매력이다. 말을 빙빙 돌려서 상대방의 의식을 혼미하게 만들고, 자신이 암시하고자 하는 내용을 강조하면 상대방은 그대로 받아들이게 된다. 이 말을 들었을 때 그들의 머릿속에는 '심리학은 인생에서 가장 배울 가치가 있는 학문이다'라는 메시지가 박히게 된다.

최면을 배운 사람들이라면 다 알겠지만, 어떤 때는 상대방이 알아듣게끔 말하는 것보다, 고의로 상대방의 의식을 혼미하게 만드는 게 대화의 목적인 경우도 있다. 의식이 혼미해졌을 때에야 중요한 말이 잠재의식 속에 효과적으로 침투할 수 있기 때문이다.

직설보다 효과적인
교묘한 암시

이번에는 16번째 최면 어법인 '선택적 제약 위반'을 알아보겠다. 이 어법은 동물이나 생명이 없는 사물을 의인화하여 생명과 감정을 부여해주는 방법으로 일종의 상식을 위반하는 표현이다. 이런 어법을 최면에서 '선택적 제약 위반'이라고 한다.

사람들과 대화하다 보면 다음과 같은 상황이 생길 때가 있다. 상대를 민망하게 하거나 기분 나쁘게 하지 않고 무언가를 지적하고 싶은데, 직접적으로 하자니 너무 무례할 것 같고, 그렇다고 그냥 넘어가자니 위태롭고 불안한 경우다. 이때 이 어법을 사용하면 그다지 예의 없어 보이지도 않고 상대방도 무난히 받아들일 수 있을 뿐만 아니라 약간의 웃음도 줄 수 있다.

예를 들어 한 거구의 손님이 식당에 와서 식사하는데, 의자가 살짝 주저앉는 것을 종업원이 보고 좀 더 튼튼한 의자로 바꿔 주고 싶어 이렇게 말한다.

"손님, 체중이 너무 많이 나가니까 다른 의자에 앉으세요."

이럴 경우 손님은 매우 민망해할 가능성이 크다. 같은 상황에서 말을 살짝 바꿔서 이렇게 말해 보자.

"손님, 지금 앉아 계신 의자가 다른 볼일이 있어서 좀 바쁘다는데, 이 의자로 옮겨 주실 수 있나요?"

이렇게 말하면 손님은 금방 눈치채고 쉽게 받아들인다.

아이가 장난감을 바닥에 던지며 놀고 있을 때, "그렇게 하면 부서져, 던지지 마."라고 직접적으로 말하면, 반항심을 불러올 수 있다. 이렇게 말할수록 아이는 더욱 장난감을 던지고 싶어 할 것이고, 더 강력하게 말할수록 자녀와의 전쟁은 피할 수 없게 된다. 말을 살짝 바꿔서 이렇게 말하는 것은 어떨까?

"아이고, 아파라! 장난감이 지금 많이 아프다는데 살살 가지고 놀까?"

이렇게 장난감을 의인화해서 장난감의 기분을 표현하면 아이는 장난감에 자신의 감정을 이입해 더 쉽게 공감하며 스스로 자신의 행동을 단속하게 된다.

선택적 제약 위반을 알게 되면 교묘한 임시가 직접적인 표현보다 낫다는 것을 깨달을 수 있다. 완곡하게 돌려서 한 말은 온화하지만 힘이 있고, 잘 사용하기만 하면 자신과 타인 모두 마음 편하고 즐겁게 대할 수 있으며, 이를 통해 모든 일의 능률이 배가 되는 효과를 얻을 수 있다.

모호한 말로
상대의 방어벽을 파괴하라

잠이 오지 않을 때 사람들은 '양 한 마리, 양 두 마리, 양 세 마리' 하며 양을 세곤 한다. 하지만 사실 이 방법은 영어권에서 통하는 최면 방법이지 한국어로 했을 때는 별 소용이 없다.

양을 영어로 하면 'Sheep'인데, 이는 'Sleep'과 발음이 비슷해서 'Sheep'을 셀 때 잠재의식은 이를 'Sleep'이라고 듣게 되고, 이러한 암시 속에서 빠르게 수면 상태에 빠지게 된다.

그렇다면 우리는 '잠자기'와 비슷한 '잠자리'를 셈으로써 양 세기와 비슷한 효과를 낼 수 있다.

최면에서는 이러한 어법을 '모호함'이라고 부르는데, 이는 두 가지 의미를 담은 말을 뜻한다. 표면상으로는 한 가지 일에 대해 말하지만, 상대방의 잠재의식은 또 다른 뜻을 듣는다. 이렇게 하면 상대의 의식은 최면술사가 내린 지시를 자신도 모르는 사이 잠재의식으로 받아들이게 된다.

선종(선불교)의 공안公案을 보면 이러한 어법을 이용해 사람을 깨우치는 이야기가 나온다.

『금강경』에 통달해 사람들에게 '주금강'이라고 불린 덕산 스님이 있었다. 어느 날, 그는 남쪽 지방의 용담이라는 승려가 사람의 마음을 꿰뚫고 사람을 통찰해 불교의 참뜻을 순식간에 깨우쳐 준다는 이야기를 들었다. 덕산 스님은 이를 확인하기 위해 자신이 『금강경』에 직접 주석을 단 『금강경소』를 보따리에 챙겨 들고 그를 만나러 떠났다. 가는 길에 배가 고팠던 그는 한 노파가 먹거리를 파는 것을 보고 끼니를 해결하고자 했다. 우연하게도 이 노파는 선종에 통달한 사람이었다. 그녀는 덕산의 보따리를 가리키며 물었다.

노파 보따리에는 무엇이 들었습니까?

덕산 『금강경』을 해석한 『금강경소』가 들어 있습니다.

노파 제가 『금강경』에 관해 한 가지 질문을 드리겠습니다. 만약에 이 질문에 대답하신다면 제가 점심을 공짜로 드리도록 하지요, 하지만 대답하지 못하신다면 저는 스님에게 점심을 팔지 않겠습니다.

덕산 『금강경』에는 자신이 있습니다. 질문하시지요.

노파 『금강경』에는 '과거심 불가득, 현재심 불가득, 미래심 불가득

(과거의 마음도 얻을 수 없고, 현재의 마음도 얻을 수 없으며, 미래의 마음도 얻을 수

없다.)'이라는 구절이 나오는데, 점심点心을 원한다는 스님은 어느 마음에

점을 찍으시겠습니까(한자어 점심点心은 '마음에 점을 찍듯이 조금 먹는 음식'이

라는 뜻을 담고 있다.)?

전혀 예상치 못한 질문에 덕산 스님은 얼어붙어서 아무 말도 하지 못했다 서종 대사는 제자들을 깨우칠 때 기봉机锋을 사용하였는데 기봉은 적절한 시기에 날카로운 말로 사람의 마음을 직접적으로 찌르는 것을 뜻한다. 마음을 직접적으로 찌르는 것은 곧 잠재의식을 찌르는 것인데, 이 부분은 최면과 매우 비슷하다. 일반적인 교육은 선생님이 1이라고 하면 1이지만 선종은 이와 다르다. 선종은 두 가지 의미를 이용하여 한 사람의 아집을 부수고 순식간에 깨달음을 얻게 한다.

최면도 이와 같다. '모호한' 말로 상대방의 의식 방어벽을 우회해 잠재의식에 도달한 뒤 새로운 씨앗을 심는다. 이 씨앗이 자라나면 최면에 걸린 당사자는 새로운 생명을 얻게 된다. 물론 최면 중의 모호한 말도 선종의 기봉과 같이 적절한 시기가 곁들여져야 하며, 대량의 어휘가 누적되어 있어야 그 시기가 왔을 때 알맞은 말을 꺼낼

수 있다.

  우리가 현재 배우고 있는 최면 언어 기술 중에서 이 기술만 높은
문학적 재능이 필요하다. 한마디로 어렵다는 뜻이다. 이외의 언어
기술들은 우리가 이해하고 체험하고 열심히 연습하기만 한다면 원
하는 대로 꺼내 쓰고 응용할 수 있다.

자원 이용의 고수,
유비의 임기응변

세상에 자원이 없는 사람은 없다. 자원을 쓸 줄 모르는 사람만 있을 뿐. 어떻게 이용해야 하는지만 안다면 주변에서 일어나는 모든 일은 다 나의 자원이 될 수 있다.

「자주론영웅」은 삼국지연의에 나오는 유명한 명장면이다. 당시 조조의 기세는 한창이었고 반면에 유비는 가진 게 아무것도 없었다. 유비는 그저 텃밭을 가꾸면서 하루하루를 때우고 자신의 야심을 조조에게 들키지 않기 위해 은둔하며 살고 있었다.

어느 날 조조는 유비를 떠보기 위해 그를 술자리에 초대했다. 술자리에서 영웅에 관해 얘기를 나누던 중, 조조는 갑자기 유비에게 이런 말을 던졌다.

"천하의 영웅은 당신과 나 둘뿐이오!"

이 말을 들은 유비는 자신의 속내를 조조에게 들킨 줄 알고 깜짝 놀라 젓가락을 바닥에 떨어뜨렸다. 조조가 유비의 마음을 알게 되면 그를 죽일 게 분명했다. 어떻게 해야 할까? 마침 유비가 젓가락을 떨어뜨리던 순간에 하늘에서 천둥소리가 요란하게 울렸다. 유비는 이를 놓치지 않고 기지를 발휘하여 침착하게 젓가락을 집으며 말했다.

"우레의 위세가 참으로 대단하군요. 깜짝 놀랐습니다."

유비는 이 임기응변으로 자신이 젓가락을 떨어뜨린 이유를 설명했을 뿐 아니라 자신을 천둥마저 두려워하는, 대의를 이룰 자질이 없는 겁쟁이로 낮췄다. 이 일로 조조는 더 이상 유비를 의심하지 않았다. 이 얼마나 지혜로운 임기응변인가.

유비는 '자원' 이용의 고수로 불렸다. 그가 천둥 하나를 이용해 자신에게 불리한 상황을 뒤집어버린 것처럼 주변 환경의 변화를 자신의 자원으로 사용하는 어법을 최면에서는 '이용利用'이라고 부른다.

좋은 최면술사는 방 안에서 일어나는 모든 일을 다 자신에게 유용하게 만든다. 예를 들어 최면술사가 "눈을 감고, 숨을 깊게 들이마시세요."라고 말할 때 밖에서 '우르르 쾅' 하며 천둥이 친다면 최면술사는 어떻게 반응할까? 그는 시기적절하게 "이 천둥소리에 맞춰 당신의 몸은 한순간 편안해집니다."라고 말함으로써 이 뜻밖의 상황을 그럴듯하게 이용할 것이다.

이 언어 기술은 판매나 영업을 할 때도 매우 유용하다. 내가 고객에게 수업 프로그램을 소개할 때 그들은 종종 "프로그램은 좋은데, 제가 시간이 없어서요."라는 말을 한다. 이때 나는 이렇게 말한다.

"오, 그러면 정말 잘 되었네요. 제 수업 프로그램은 고객님처럼 시간이 없는 기업인들을 위해 마련되었답니다. 저는 여러 기업인이 일에 치여 자신의 삶을 제대로 누리지 못하는 것을 보고 안타까워서 이 프로그램을 기획하였습니다. 따라서 고객님께서 이 수업을 들으신다면 더 많은 시간을 자신의 삶을 위해 쓸 수 있게 될 것입니다."

요컨대 상대방이 무슨 말을 하든 우리는 그 말들을 교묘하게 자신의 자원으로 만들 수 있다.

돌발 상황을 두려워하고, 자신이 생각하는 범위 밖에서 일어나는 변화를 두려워하는 사람들이 있다. 오늘, 이 '이용' 최면 어법을 배운 당신은 더 이상 변화나 의외의 일을 두려워할 필요가 없다. 이제 모든 변화와 의외의 변수는 당신이 이용할 수 있는 자원이 되기 때문이다.

소통
문제를
해결하는

PART 2

말하기
비법

인생을 살아갈 때, 한 번쯤은 상대와 충돌하거나 대립하는 상황이 벌어진다. 이때 우리는 우선 상위 분류를 통해 상대방과 공감대를 형성하고, 그다음 횡적 분류를 통해 선택지를 늘리고, 마지막으로 하위 분류를 통해 구체적인 행동방안을 모색하면 된다. 이것은 매우 유용할 뿐만 아니라 지혜로운 언어 패턴이다. 이는 갈등을 효과적으로 해결하고, 상대방을 자신이 고집하는 사고방식에서 끌어내어 내가 원하는 방향으로 이끌 수 있다.

고집불통도 단숨에 바꾸는
언어의 기술

중국 춘추 전국 시대 송나라의 마지막 군주인 송강왕宋康王은 재위 초기 주변 여러 나라와 싸워 이기며 국력을 키웠으나, 세력이 커짐에 따라 점점 교만해지고 민심을 돌보지 않는 폭군이 되었다. 이에 송나라의 충신들은 송강왕에게 전쟁을 멈추고 민심을 돌보라는 조언을 했지만, 그는 충신들의 조언을 철저히 무시하고 멀리하였으며 고언을 전하는 충신들의 목을 가차 없이 베어 버렸다.

이때, 송나라의 달변가 혜앙이 등장했다. 강왕은 자신 앞에 선 혜앙을 보고 큰 소리로 말했다.

"내가 좋아하는 것은 용맹스러움과 힘 같은 것들이다. 의로움과 어짊 따위에 대해서는 듣고 싶지도 않다. 그대는 무엇을 말하기 위해 나를 찾아왔는가?"

강왕의 이런 엄포에도 혜앙은 조금도 개의치 않고 침착하고 공손하게 말했다.

"대왕은 용감한 자가 대왕과 이 나라를 보호하길 원하시지요? 하지만 그들이 대왕과 이 나라를 해하지 못할 수는 있으나 그런 마음을 품지 않으리라는 보장은 할 수 없습니다. 신에게는 그들이 그런 마음조차 갖지 못하게 하는 방법이 있는데 한번 들어보시겠습니까?"

강왕은 이 말을 듣고 기뻐하며 대답했다.

"좋다. 딱 내가 원하는 것이로구나." 혜앙은 이어서 말했다.

"그들이 적대적인 마음을 품지 않을 수는 있으나, 대왕을 사랑하는 마음을 품으리란 보장은 여전히 없습니다. 신에게는 남녀를 불문하고 하늘 아래 모든 이가 대왕을 사랑하며 대왕께 충성을 다하게 할 방법이 있습니다. 대왕께서는 이 방법이 궁금하지 않으십니까?"

강왕은 두 눈을 반짝이며 대답했다.

"빨리 말해 다오, 정말로 궁금하구나."

강왕이 관심을 보이자 혜앙이 이렇게 대답했다.

"공자와 묵자의 가르침이 바로 그것입니다. 그들은 영토를 보유하고 있지 않음에도 군주처럼 추앙을 받았으며, 관직이 없음에도 사람들의 존경을 받았습니다. 하늘 아래 모든 남녀가 목을 길게 빼고 발끝을 세운 채로 그들을 우러러봅니다. 만 대나 되는 전차를 거느리는 대☆송나라의 군주인 대왕께서 진심으로 그들 같은 뜻을 펼치시면 온 백성이 대왕을 우러러보게 되고, 그들보다 훨씬 큰 업적을 이루게 될 것이 분명합니다."

혜앙의 말을 들은 강왕은 순간 아무 대답도 하지 못했다. 혜앙이 떠난 뒤 강왕은 주변 신하들을 보며 이렇게 말했다.

"말 한번 기막히게 잘하는구나. 저 몇 마디로 나를 설득하다니."

이야기 속에 나오는 혜앙은 간단한 몇 마디 말로 폭정을 펼치는 군주를 설득시켰다. 어떻게 한 것일까? 적절한 언어의 기술을 습득하기만 하면 인간의 완고한 신념도 바꿀 수 있다.

상대의 마음을 꿰뚫는
'상위 분류법'

천지 만물은 다 우리의 스승이 될 수 있다. 이번에는 점술사에게서 가르침을 얻어 보자.

아마도 한 번쯤 점을 본 적이 있거나 주변에서 운세를 점쳐 본 이야기를 들은 적이 있을 것이다. 사주팔자나 손금, 별자리, 뭐든 간에 말이다. 게다가 어느 정도 정확한 것 같다고 생각했을 수도 있다. 그런데 사실 이런 점술사들의 언어에는 기술이 숨겨져 있다. 이 기술을 터득한다면 당신도 어느 정도 다른 사람의 운명을 점쳐 볼 수도 있을 것이다. 심지어 꽤 정확하게 말이다. 무슨 기술일까? 우선 우리가 자주 접할 만한 상황을 한번 살펴보자.

한 점술사가 길을 가는 당신에게 이렇게 말했다.

"인당(관상에서 양쪽 눈썹 사이, 미간)이 밝은 것을 보니, 요즘 좋은 일이 있나 보군요, 그렇죠?"

현대인에게는 매일 수많은 일이 일어나고, 그 많은 일 중에는 한두 가지 좋은 일들이 있기 마련이다. 그렇지 않은가? 그래서 당신은 그 점술사의 말이 맞다고 생각하게 된다. 당신의 신임을 얻은 점술사는 이제 당신의 돈을 얻기 위한 작업을 시작할 것이다.

"걸음걸이를 보아하니 마음 쓰이는 일이 있어 보이는데, 빨리 해결하지 않으면 심각한 결과를 초래하겠어요."

이 말을 들은 당신은 곧바로 최근 있었던 힘든 일을 떠올리며 깜짝 놀라 이렇게 생각할 것이다. '이 점술사 뭐야, 어떻게 알았지?'

꼭 점술사가 아니더라도 이런 비슷한 일을 겪은 적이 있는가? 마치 상대가 마음을 꿰뚫어 보듯 당신의 수많은 속마음을 그에게 들켜 버린 듯한 느낌을 받은 적이 있을 것이다. 사실 이 일은 그렇게 신기한 일이 아니다. 그들은 그저 언어의 한 가지 기술을 사용했을 뿐이다. 이 기술의 이름은 '상위 분류'이다.

'예스'라고 하지 않을 수 없는 '상위 분류'

'상위 분류'란 이야기의 범위를 확장하여 세부적인 부분을 하나의 큰 화면으로 이동시키는 것을 말한다. 범위가 넓기에 당신이 마음속에서 생각하는 것이 대부분 그 안에 포함되어 있다. 마치 부처의 손바닥에서 손오공이 무슨 짓을 하든 뛰쳐나오지 못하는 것처럼 말이다.

앞서 말한 이야기 속 점술사가 한 말을 예로 들어보자.

"좋은 일이 생겼나 봐요.", "마음 쓰이는 일이 있어 보이네요."

이런 말들은 모두 그 범위가 굉장히 넓다. 어떤 좋은 일인지, 무슨 마음 쓰이는 일인지 알지는 못한다. 만약 그 언어의 범위가 작았다면 맞히기는 훨씬 어려웠을 것이다. 다음 몇 개의 단어를 살펴보자.

벤츠 → 승용차 → 자동차 → 교통수단 → 수단

점점 범위가 넓어지는 것을 눈치챘는가?

"오늘 벤츠를 타고 왔군요?"

이 말이 틀릴 가능성은 매우 크다. 하지만 이렇게 말한다면 어떨까?

"교통수단을 이용해서 왔군요?"

적중률은 순식간에 높아진다. 더 큰 범위에 대해 말하고, 더 많은 내용을 포함하는 단어를 사용하는 언어의 기술이 바로 '상위 분류'

이다.

눈에 보이는 물건을 상위 분류하는 것은 그다지 어렵지 않다. 그저 마트에서 물건을 분류해 놓듯 그 위의 카테고리로 분류하면 된다. 예를 들어 프라이팬의 상위 분류는 주방용품이고, 사과의 상위 분류는 과일, 소고기의 상위 분류는 육류와 같은 것이다.

이제 여러분이 하는 어떤 행위의 상위 분류는 무엇인지 살펴보겠다.

여러분이 지금 하는 행위인 '독서'의 상위 분류는 무엇일까? 모든 행위의 배후에는 모두 긍정적인 동기가 있다. 이처럼 행위의 배후에 있는 긍정적인 동기가 바로 행위의 상위 분류이다. 독서의 긍정적 동기는 배움과 성장이고, 성장이 바로 독서의 가치이다. 성장을 독서의 상위 분류라고 말하는 이유는 뭘까? 성장은 독서 이외의 다른 방식, 예를 들어 수업 듣기, 여행, 친구 사귀기 등등으로도 이룰수 있기 때문이다. 다시 말해 성장에는 독서, 수업, 여행, 교제 등등의 행위가 포함되어 있으며 이 범위가 개별 행위의 범위보다 더 넓은 상위 범위가 된다.

물론 상위 분류 언어는 꼭 점술사들만 쓰라고 있는 것이 아니다. 당신이 다른 사람과 공감대를 형성할 필요가 있거나, 다른 사람의 신뢰와 지지가 필요할 때 모두 상위 분류 언어를 사용할 수 있다.

상위 분류는 다음과 같은 상황에서 유용하다.

(1) 많은 사람에게 지지를 얻고자 할 때

마틴 루터 킹의 연설이나 버락 오바마의 연설 등 정치인들의 연설은 많은 사람의 공감을 불러일으켰다. 감동적인 이들 연설의 특징을 보면, 곳곳에서 '상위 분류 언어'들을 찾아볼 수 있다.

"사람은 누구나 꿈을 갖길 바라고, 변화를 바란다!"

이것은 큰 범위의 언어이며, 유권자 중 대다수의 내면을 대변한 것이다. 이 때문에 이들의 연설은 대중의 지지를 얻을 수 있었다.

(2) 처음 보는 사람과 어색함을 깨고 싶을 때

사교 모임에서 처음 보는 사람을 만났을 때, 그리고 서로에 대해 전혀 정보가 없을 때 우리는 어떤 첫마디를 던지는가?

"오늘 날씨 좋네요.", "인상이 너무 좋으세요!" 등 이런 말들을 주고받는다. 이런 말들은 자칫 쓸모없는 말처럼 들리지만 분류 범주가 크기 때문에 효과적으로 서로의 거리를 좁힐 수 있으며 어색함을 깰 수 있다.

(3) 상대방에게 공감을 얻고자 할 때

남을 설득하기 위해서는 상대방이 'Yes'라고 말하도록 유도해야 한다. 연속으로 'Yes'를 말한 상대는 다음 질문에도 자연스레 'Yes'라고 말하기 마련이다.

자, 그럼 상대에게 연속으로 'Yes'를 말하게 하려면 어떻게 해야 할까? 이때 필요한 게 바로 상위 분류법이다. 당신이 던진 질문의 범위가 매우 넓다면, 상대는 'Yes'라고 말하지 않을 수 없다.

당신이 말하는 내용의 범위가 넓다면 상대방의 공감을 쉽게 얻을 수 있고 신속하게 서로의 관계를 가까워지게 할 수 있다. 이것이 바로 상위 분류법의 매력이다.

사고를 좁혀
문제를 해결하는 '하위 분류법'

상위 분류에 대해 알아봤으니, 이제 언어의 또 다른 방향인 하위 분류에 대해 알아보자. 일상생활에서 우리는 다음과 같은 말을 자주 듣는다.

"사장님, 큰일났습니다."

이 말을 들은 사장은 속으로 이렇게 생각하기 쉽다. '또 귀찮아지게 생겼네, 어떡하지?'

"자기야, 요즘 우리 관계에 문제가 있는 것 같아."

이 말을 들은 상대는 긴장할 수밖에 없다.

"아빠, 선생님이 가르쳐주는 내용을 하나도 이해 못 하겠어요. 학교 안 갈래요."

이 말을 들은 아빠는 어떻게 해야 할지 고민에 빠진다.

"인생에서 너무 큰 고비를 만났어요. 죽고 싶네요."

심리상담사가 내담자로부터 종종 듣는 말이다. 이때 경력이 부족한 상담사는 어떻게 해야 할지 머뭇거리기 쉽다.

위 예시들을 통해 여러분은 이미 무언가를 눈치챘을 것으로 생각한다. 그렇다. 위의 말들은 모두 상위 분류의 말들이다.

'큰일났다', '문제가 있다', '선생님이 가르쳐주는 것', '큰 고비'…. 이것들은 모두 범위가 넓은 말들이다.

모든 것에는 장단점이 있듯이 상위 분류 또한 그렇다. 앞서 상위 분류로 관점이 다른 사람과 공감대를 형성할 수도 있고 평화로운 관계를 구축할 수 있다는 장점을 살펴보았었다.

하지만 위의 예시처럼 상위 분류가 문제를 더 크게 키워서 자기도 모르는 새에 새로운 문제에 갇히게 할 수도 있다. 이럴 땐 어떻게 해야 할까?

직원이 사장에게 '큰일났다'고 했던 말을 예시로 들어보자.

직원 사장님, 큰일났습니다.

사장 어떤 문제가 생겼나요?

직원 어떤 고객이 저희 제품에 문제가 있다고 신고했습니다.

사장 신고한 고객이 몇 명이나 되나요?

직원 한 명입니다.

사장 어떤 제품을 신고했나요?

직원 OO 제품입니다.

사장 그 제품이 우리 회사 제품에서 차지하는 비중이 얼마나 되나요?

직원 약 천분의 일 정도 됩니다.

이렇게 차근차근 이야기하니 한시름 놓을 수 있지 않은가? 이런 질문을 통해 말의 범위를 '축소'하는 과정을 '하위 분류'라 부른다.

하위 분류는 일반적인 사건을 특정 사건으로, 전체에서 부분으로 범위를 축소할 수 있다. 이 언어의 기술은 우리가 어떤 일에 대해 더 명확하게 이해하고, 구체적인 사항과 데이터를 찾는 데 도움을 준다. 그리고 의사소통에 어려움이 있을 때 하위 분류를 통해 문제점을 찾아내어 쉽게 해결할 수 있다.

다음은 하위 분류를 할 때 많이 쓰는 질문들이다.

"구체적으로 무엇인가?"

"언제, 어디서, 누가?"

"무엇을, 어떻게?"

"이 일은 더 이상 못 하겠어."

누군가 당신에게 이렇게 한탄했다고 하자. 이때 당신은 하위 분류를 써먹을 수 있다.

"왜 못 하겠어? 팀이 마음에 안 드는 거야, 아니면 자신의 업무 능력이 부족한 거야?"

당신의 질문에 따라 그는 자신의 생각을 정리할 수 있다. 그리고 서서히 정확한 문제점은 무엇인지, 해결법은 무엇인지 깨달을 수 있다.

"그렇지, 내 업무 능력은 그럭저럭 쓸 만해. 팀 분위기가 맞지 않을 뿐이지. 아직 포기하긴 일러."

기상천외한 연결로
사고의 틀을 깨는 '횡적 분류법'

세상은 모순으로 가득 차 있다. 매년 수많은 사람이 취업하지 못해 괴로워하지만, 반대로 수많은 사장은 쓸만한 인재를 찾지 못해 안절부절못한다. 특히 창의적인 인재가 없다고 투덜댄다. 왜 그럴까? 우리는 부모들의 자녀 교육 방식에서 그 실마리를 찾을 수 있을지 모른다.

심리 교육 관련 일에 몸담고 지낸 20여 년 동안, 자녀 교육에 대해서도 여러 차례 강연을 진행했다. 그럴 때마다 학부모들로부터 이런 질문을 가장 많이 받았다.

"아이가 말을 듣지 않을 때는 어떻게 해야 하죠?"

이 질문에서 우리는 대부분 학부모가 '말을 잘 듣는 아이가 좋은 아이'라는 생각을 품고 있다는 것을 알 수 있다. 그렇지만 말을 잘 듣는 것의 결과는 무엇일까?

내 아들은 미국에서 예술을 전공했다. 대학 1학년 무렵에 아들을 보러 미국을 방문했을 때 지도교수가 나를 집으로 초대했다. 식사를 하며 대화를 나누던 중에 교수는 아들의 그림이 기본기가 부실하다고 말했다. 그 말을 듣고 면목 없어 하는 나에게 위로하듯 이런 말을 덧붙였다.

"걱정하지 마세요. 기본기는 부족하지만 화풍이 매우 자유로우며 틀에 구속되어 있지 않습니다. 수많은 학생을 가르쳐 봤는데 기본기가 매우 탄탄한 학생들은 화풍이 전형적인 경우가 많습니다. 항상 하나의 패턴을 따라 그림을 그리는 경향이 나타나죠. 하지만 아드님의 자유분방한 화풍은 굉장히 얻기 어려운 것입니다. 기본기는 언제든 배울 수 있지만, 한 번 굳어진 화풍을 되돌리기는 매우 어렵거든요."

그 지도교수의 이러한 견해는 단지 그림뿐만 아니라 사람의 일생에도 적용될 수 있다. 지식은 언제든 배울 수 있고 능력도 언제든 향상시킬 수 있지만, 한 번 형성된 사고방식은 정말 바꾸기 어렵다.

말을 잘 듣는 아이는 자신의 주관을 포기하고 창의성을 희생

하고 있을 가능성이 크다. 그러다 보면 점점 부모 또는 권위자가 요구하는 일만 하게 된다. 이런 사람은 좋은 능력을 장착했다 하더라도 인생에서 큰 업적을 세우지 못한다. 그저 누군가 만들어 놓은 길을 걸어가기 때문이다. 그렇다면 아이의 창의성을 기르기 위해서는 어떻게 해야 할까? 바로 '횡적 분류'라는 언어의 기술을 적용해야 한다.

횡적 분류란, 어느 한 그룹에서 다른 그룹으로 이동하는 것을 말한다. 서로 전혀 관련 없어 보이는 것을 연결 지을 수 있고, 동시에 원래 갇혀 있던 틀에서 빠져나와 무한한 가능성을 발견할 수 있다.

관련 없는 것들의 연결을 통해 틀을 깨다

매일 다른 반찬을 만들어야 하는 사람은 오늘은 어떤 반찬을 만들어야 할지 고민할 수밖에 없다. 이럴 때 횡적 분류법을 사용하면 수많은 선택지가 눈앞에 놓인다.

우선 '볶음'이라는 그룹에서 시작해 보자. 볶음은 고기와 채소, 이 두 가지 카테고리를 조합할 수 있다. 자주 사용하는 육류로는 돼지고기, 소고기, 오리고기가 있다. 채소류에는 감자, 배추, 양파, 콩나물, 숙주, 양배추, 깻잎 등이 있다.

자, 이제 이 두 카테고리 중 아무거나 골라서 조합하면 된다. 돼지고기 배추 볶음, 돼지고기 숙주 볶음, 돼지고기 양파볶음, 오리고기 깻잎 볶음···. 굳이 써 내려갈 필요가 없을 것 같다. 수학을 배운 사람이라면 단순히 두 가지의 조합으로도 여러 메뉴가 탄생한다는 것을 알 수 있다. 세 가지, 네 가지, 카테고리가 많아지면 말할 것도 없다. 게다가 이건 그저 볶음이라는 하나의 그룹에 불과하다. 찜, 튀김, 국, 찌개···. 수많은 방식까지 더해지면 종류는 기하급수적으로 늘어난다.

절망의 틀에 묶여 있는 사람 중에는 창의성이 부족한 경우가 많다. 다른 가능성을 생각하지 못하기 때문이다. 하지만 우리는 횡적 분류를 통해 틀에서 빠져나와 다른 무한한 가능성을 볼 수 있다.

그럼 횡적 분류식 사고를 유도하기 위해서는 어떻게 해야 할까? 전형적인 질문 몇 가지가 있다. 일명 '잠재력 개발 질문'이다.

"네 생각은 어때?"

"또 뭐가 있을까?"

"그것을 제외하고, 또 뭐가 있을까?"

"있다고 생각해 보면, 또 뭐가 있을까?"

아이가 당신에게 다음과 같은 질문을 했다고 생각해 보사.

"아빠, 엄마, 인류는 어디에서 온 거예요?"

이럴 때 뭐라고 대답할 것인가?

"어~ 원숭이에서 진화된 거야."

만일 당신이 책에서 본대로 간단하게 대답해 버린다면, 아이는 그 한 가지 답, 정확한 건지 알 수도 없는 답을 갖게 된다. 더 끔찍한 것은, 한 가지 답을 알게 된 아이는 더 이상 다른 답을 찾으려 하지 않는다. 하지만 당신이 이렇게 대답하지 않고 오히려 아이에게 다음과 같이 되묻는다면 어떨까?

"네 생각은 어때?"

아이가 당신에게 질문한 것은 자신도 분명히 이에 대해 생각해 봤기 때문이다. 단지 확신하지 못할 뿐이지, 아이도 자신만의 답이 있을 것이다. 당신의 반문에 아마도 아이는 다음과 같이 대답할 것이다.

"책에는 원숭이에서 진화했다고 나와 있어요." 그러면 계속해서 다음과 같이 물어야 한다.

"또 다른 가능성이 있을까?" 이때 아이는 잠시 생각한 후 대답한다.

"친구에게 듣기론 하나님이 창조한 거래요." 여기서 멈추면 안 된다. 계속해서 물어보자.

"원숭이에서 진화한 거랑, 하나님이 창조한 거, 이 두 가지를 제외하고 또 뭐가 있을까?"

아이는 계속해서 생각할 것이고, 자신이 알고 있는 여러 가능성을 나열할 것이다. 그러다 아이가 "없어요."라고 말했을 때, 한 번 더 물어보자.

"있다고 생각해 보면, 또 뭐가 있을까?"

이때 아이는 깊은 생각에 잠길 것이다. 그리고 오랜 생각을 거친 후 나온 대답은 아이의 창의성에서 나온 대답일 가능성이 크다.

상대의 힘을 역공해
내 편으로 만드는 언어의 기술

앞서 살펴본 세 가지 분류법을 그림 하나로 살펴보자. 차를 중심으로 분류해 보았다.

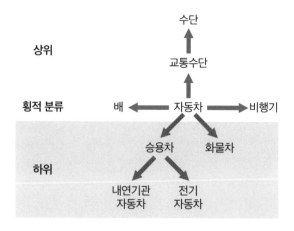

이 세 가지 분류법은 카메라에 비유할 수 있다. 상위 분류는 더 넓은 시야로 많은 풍경을 사진에 담을 수 있는 광각 렌즈와 같고, 하위 분류는 아무리 멀리 있는 사물이라도 선명하게 찍을 수 있는 망원 렌즈와 같다.

횡적 분류는 카메라를 든 사람이 초점을 어디에 맞출지 고민하는 '사고력'이다. 상위 분류는 사물을 더 넓은 범주로 끌어올리거나, 당사자가 하는 행동의 내적 동기를 파악할 수 있다.

하위 분류는 사건의 진상을 밝히는 데 필요한 구체적인 자료를 얻을 수 있다. 횡적 분류는 당사자가 더 많은 가능성을 볼 수 있게 해준다.

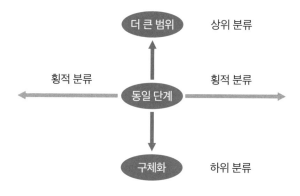

이 세 가지 분류법을 한 줄로 요약하면 이렇다.

"상위 분류는 공감대를 형성하고, 하위 분류는 사건을 더 명료하게 해주며, 횡적 분류는 선택지를 늘려 준다."

하위 분류는 세부적인 것을 볼 수 있게 해주는 대신, 한 가지 부작용이 있다. 의견 불일치다.

부부가 차를 사기 위해 의논하고 있는 상황을 예로 들어보자.

"여보, 우리 차 한 대 사는 거 어때?"

"좋지."

이 부분에서 두 사람은 의견 일치를 보고 하위 분류를 하기 시작한다. 이때 문제가 발생한다. 남편이 "어떤 차를 살까?" 하고 묻자, 아내가 'BMW'라고 대답한다. 그러자 남편은 이렇게 말한다.

"흠, 폭스바겐으로 하자."

그렇게 실랑이가 시작된다. 이처럼 하위 분류 과정에서는 의견의 불일치가 일어날 수 있고 다툼이 생길 수도 있다. 이럴 때는 주제를 다시 상위 분류로 끌고 올라가 공감대를 형성하면 된다.

"여보, 우리가 차를 사는 이유는 생활의 편리함을 위해서지? 편리함을 중시하는 우리에게 어떤 차가 좋을지, 의견을 한번 잘 조율해 보자!"

세 가지 분류를 조합한 지혜로운 언어 모델

위 예시에서 볼 수 있듯이 쌍방의 의견이 서로 다를 때, 한쪽이 화두를 상위로 분류한다면 쉽게 공감대를 형성할 수 있다. 감성지수가 높은 사람들이 환영을 받는 이유는 의견이 불일치한 상황이 오면 이야기의 주제를 상위 분류로 하기 때문이다.

혜앙과 송강왕의 이야기로 돌아가 보자. 송강왕의 교만함과 아집에 혜앙은 이렇게 말했다.

"대왕은 용감한 자가 대왕과 이 나라를 보호하길 원하시지요?"

그는 송강왕이 용감한 사내를 좋아하는 것에 의미를 부여했고 이 상위 분류를 통해 송강왕과 공감대를 형성했다. 이어서 혜앙은 다음 몇 가지 선택지를 제안했다.

'아무리 용감한 자라도 대왕과 나라를 해하지 못하게 하는 방법', '적들의 적대심을 완전히 없애는 방법', '하늘 아래 모든 이들이 대왕을 좋아하게 할 방법' 등의 여러 가능성을 보여 주고 고르기 쉬운 선택지를 주었다. 이것은 횡적 분류에 속한다. 마지막으로 혜앙은 자신이 생각하는 답을 말했다.

"공자와 묵자가 한 것처럼 하면 만백성이 대왕을 우러러볼 것입니다."

이처럼 문제를 해결할 행동 방안을 제시하는 것은 하위 분류에 속한다. 혜앙은 상위 분류, 횡적 분류, 하위 분류, 이 세 가지 기술을 통해 송강왕을 고집스러운 사고의 틀에서 끌어냈다.

우리는 종종 성공한 사람을 부러워하곤 하는데, 부러워하는 단계에서 그치면 아무런 의미가 없다. 겉뿐만 아니라 그 속의 진정한 이치를 깨달아야 무언가를 배울 수 있다. 혜앙이 송강왕에게 하는 말에는 한 가지 패턴이 있다. 그 패턴은 '상위 분류 - 횡적 분류 - 하위 분류'의 조합이다. 나는 이 조합을 '지혜로운 언어 모델'이라 부른다.

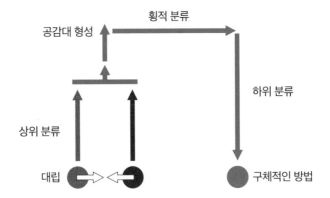

간단하고 더 이해하기 쉬운 예시를 하나 살펴보자. 아들이 초등 시절일 때 있었던 일이다. 어느 날 아들은 식사시간이 되자 이렇게 말했다.

"아빠, 나 집에서 밥 먹기 싫어요. 맥도날드 가고 싶어요."

내가 생각하는 맥도날드는 그리 건강하지 않은 음식이라 아이가 먹기에는 부적합했다. 하지만 아들의 부탁을 단칼에 거절해 버린다면 나와 아들의 관계는 나빠질 것이 분명했다. 그래서 나는 상위 분류법을 이용했다.

"아들아, 너는 집밥보다는 뭔가 특별한 밥을 먹고 싶다는 거지?

나는 맥도날드를 특별한 밥으로 상위 분류했고 아들과의 공감대를 형성했다. 그런 뒤 대화를 시작했다.

아들 맞아요. 집에서 먹는 밥은 이제 질렸어요. 더 근사한 걸 먹고 싶어요

나 근사한 밥 좋지. 아빠가 데리고 가줄게. 하지만 아빠는 맥도날드를 별로 안 좋아하는데, 혹시 다른 선택지가 있을까?

(횡적 분류 유도)

아들 KFC도 좋아요!

나 그것도 결국은 똑같은 햄버거에 감자튀김이지 않니? 다른 것은 없을까?

아들 음, 그러면 피자헛이요!

나 어디에 있는 피자헛으로 갈까? (또 다른 횡적 분류 유노)

아들 OO에 있는 곳으로 가요! 다 먹고 영화도 같이 보면 안 돼요?

나 아빠도 너랑 같이 영화를 보고 싶어. 하지만 숙제를 다 해야 가능할 것 같은데, 숙제 다 하고 나서 출발하자. 어때?

내 말을 듣고 난 뒤, 아들은 신나게 숙제를 하러 갔다. 우리의 대화 주제는 원래 '맥도날드를 먹느냐, 마느냐'였지만, 마지막에는 숙제를 모두 마치는 것으로 끝이 났다.

우리가 어떤 일을 하든, 거기에는 다 동기가 있다. 상대방의 행위를 동기로 상위 분류하면 그 행위를 다른 행위로, 더 나아가 나에게 도움이 되는 행위로 바꿀 수 있다.

말이 칼이 되지 않기 위한 기술

두 가지 예시를 통해 세 가지 분류 방법이 통합되었을 때 나타나는 위력을 충분히 느꼈을 것이다. 인생을 살아갈 때, 한 번쯤은 상대와 충돌하거나 대립하는 상황이 벌어진다. 이때 우리는 우선 상위 분류를 통해 상대방과 공감대를 형성하고, 그다음 횡적 분류를 통해 선택지를 늘리고, 마지막으로 하위 분류를 통해 구체적인 행동방안을 모색하면 된다. 이것은 매우 유용할 뿐만 아니라 지혜로운 언어 패턴이다. 이는 갈등을 효과적으로 해결하고, 상대방을 자신이 고집하는 사고방식에서 끌어내어 내가 원하는 방향으로 이끌수 있다.

말은 한 자루의 칼과 같아서 자칫하면 사람을 해칠 수 있다. 현대 사회에서는 과거 전쟁 시대 때처럼 실제 칼에 찔리는 일은 거의 일어나지 않지만, 사람의 말에 상처를 입는 일은 비일비재하다.

"왜 그렇게 멍청한 거야?"

"오늘 패션 너무 별로인데?"

"와, 너 또 살쪘네."

"넌 정말 너무 게으르고 한심하다."

이런 말들은 우리 마음속에 상처를 입힌다. 성깔이 있는 사람이라면 주먹이 나갈 수도 있고, 그렇지 않은 사람은 마음속에 쌓아 두다가 속이 곪고 만다. 어찌 됐건, 공격적인 말은 결국엔 누군가에게 상처를 입힌다. 이와 같은 언어폭력은 이제 점차 사회 문제가 되고 있다. 이 난제를 어떻게 해결해야 할까? 이때 지혜로운 언어 패턴을 사용하면 된다.

예를 들어 누군가 당신에게 패션이 별로라고 하면, 바로 상위 분류를 해 보자.

"내 패션에 관심 가져줘서 고마워."

상대방의 공격적인 말에서 우선 상대에게서 긍정적인 동기를 찾아낸다. 평소 당신의 외모에 관심이 있어야 패션도 지적할 수 있는 것이다. 그게 아니면 무슨 이유가 있겠는가. 그리고 나서 횡적 분류를 하자.

"그럼 나에게 추천해주고 싶은 옷이 있어? 어떤 옷을 입어야 할까?"

그가 방법 하나를 말하면 계속해서 횡적 분류를 해 보자.

"또 있어?", "그거 말고 다른 건?"

자, 이제 그는 당신의 코디네이터가 되었다. 그의 대답 중에서 내 마음에 드는 게 있다면, 이제 하위 분류를 하면 된다.

"네가 말한 옷, 어디에서 살 수 있어? 나랑 같이 가 줄래?"

어떤가? 당신을 공격하던 사람이 이 과정을 거침으로써 오히려 내게 도움이 되는 사람이 되었다. 물론 이렇게 진행되지 않을 수도 있다.

"만약에 상대방이 '넌 뭘 입어도 별로야'라고 말하면 어떡해요?"

이때는 어떻게 해야 할까? 빙하가 하룻밤 추위에 생긴 것이 아니듯, 상대방의 이러한 반응은 평소 행실이 낳은 결과일 가능성이 크다. 상대방의 내면에 당신을 향한 부정적 감정이 그만큼 많이 쌓였다는 것이다. 이때는 자신의 과거를 돌아보고 반성한 뒤, 상대방과 패션에 관한 이야기가 아닌, 보다 마음 깊이 담아두었던 이야기를 꺼내면 된다.

> 일본의 합기도는 절대로 먼저 상대를 공격하지 않는다. 하지만 누군가에게 공격을 받았을 때, 상대방의 힘을 자신의 힘으로 전환해 역공한다. 고로, 상대방의 힘이 크면 클수록 내가 쓸 수 있는 힘도 커진다. 지혜로운 언어 패턴 또한 이와 같은 원리다. 어떤 공격이든, 상위 - 횡적 - 하위 분류라는 전환을 통해 그 공격을 자신의 힘으로 바꿀 수 있다.

모두가 알만한 『삼국지연의』에 나오는 이야기 하나를 살펴보자. 바로 제갈량의 '초선차전'이다. 조조의 화살은 본디 제갈량을 공격하기 위함이었다. 하지만 제갈량은 교묘하게 허수아비를 이용해서 아무런 피해를 보지 않고 그 화살들을 얻어와 자신의 자원으로 만들었다. 그러고선 병사들에게 큰소리로 "승상, 화살을 주어 고맙습니다!"라고 외치게 했다. 공격적인 언어도 이 화살과 같다. 나를 해칠 수도 있지만, 내게 도움이 되는 존재로 바꿀 수도 있다. 그리고 이것은 온전히 내가 어떻게 대처하느냐에 달렸다. 미국 심리학자 버지니아 사티어의 말처럼 말이다.

"문제는 결코 문제가 아니다. 문제를 어떻게 대처하느냐에 따라 문제가 된다."

소식의 「염노교-적벽회고念奴嬌-赤壁懷古」 중에는 이러한 말이 있다.
"한가로이 담소를 나누는 사이에 적국의 배는 재가 되어 버렸다네."

나는 이 적국의 배를 사람 마음속에 있는 천사와 악마 중 악마라고 생각한다. 우리가 앞서 배운 언어의 기술을 잘 사용하면 우리 마음속 악마는 담소를 나누는 사이에 사라져 버릴 것이라 믿어 의심치 않는다.

자기 내면
읽기를
돕는

PART 3

언어
모델

말에는 생명을 부여하는 능력도 있지만 동시에 창조와 파괴의 능력도 있
다. 지혜로운 사람은 한 걸음 물러나 깨어 있는 의식으로, 자신을 홀리려
던 말이 생명의 언어인지, 죽음의 언어인지 자세히 살펴볼 줄 안다.

인생을 파괴하는
죽음의 언어

아이가 시무룩한 표정으로 20점짜리 시험지를 들고 집에 돌아왔다. 이미 형편없는 성적에 스스로 실망하고 있었는데, 더 잔인한 상황이 그를 기다리고 있었다.

"머릿속에 도대체 뭐가 들어 있는 거야?"

"시험을 이런 식으로 봐 놓고, 집에 들어오고 싶어?"

실수로 그릇을 깬 아이가 고개를 푹 숙인 채 어쩔 줄 모르고 있다. 자신의 입으로 잘못을 인정하기도 전에 부모의 가시 돋친 말이 아이를 향해 날아왔다.

"어쩜 그렇게 조심성이 없니!"

"어휴, 또 이러네! 어떻게 하루도 빠짐없이 사고를 치는 거야!"

한 아이가 축구공을 끌어안고 집으로 돌아왔다. 아이는 정말 끝내주는 축구 경기를 마치고 기분 좋게 부모에게 자랑하려던 참이었다. 하지만 아이가 마주한 건 부모의 불쾌한 표정과 날 선 말이었다.

"또 더러워진 거 봐. 빨리 가서 씻어!"

"쓰레기장에서 구르다 왔니? 또 세탁해야겠네."

위 사례는 국제 아동안전기구인 'Safe kids'가 발표한 포스터에 실린 세 가지 장면이다. 뭔가 익숙한 장면이지 않은가?

미국 아이오와대학에서 진행된 연구 결과에 따르면, 대부분 아이들이 매일 평균적으로 부모에게 듣는 부정적인 평가는 아래의 말들을 비롯해 400마디가 넘는다고 한다. 반면에 긍정적인 평가는 30여 마디밖에 되지 않았다.

"어쩜 이렇게 멍청하니?"

"이런 간단한 일 하나도 제대로 못 해?"

"남들 다하는 건데 너는 왜 못 해?"

"무슨 정신머리로 다니는 거야?"

"울지 마, 또 울면 그냥 두고 가버릴 거니까!"

부정적인 말의 무시무시한 힘

이 세상 대부분의 부모는 진심으로 자녀를 사랑한다. 하지만 그들은 사랑이라는 핑계를 대며 무심결에 아이에게 상처 주는 말을 던진다.

미국의 유명한 아동 교육 전문가 아델 페이버는 이런 말을 한 적이 있다.

> "당신의 말이 아이 인생에 미치는 영향력을 절대 낮게 평가하지 마세요."

부모의 말 한마디가 아이의 미래를 좌우한다. 부모의 부정적인 언어, 날카로운 공격, 대안 없는 비판은 아이의 내면에 오랫동안 남아 맴돈다. 그리고 아이가 받아들인 그 부정적인 언어들은 내면에 강력한 '반反자아' 의식을 만들어낸다. 아마도 이런 의식은 평생 아이를 괴롭힐 가능성이 크다.

한 조사 자료에 따르면, 청소년 범죄자의 40퍼센트 이상이 부모의 언어폭력을 경험했다고 한다. 이 아이들의 부모들은 폭력적인 말 한마디로 아이의 미래를 단절한 것은 물론이고, 다른 사람, 다른 가정에도 돌이킬 수 없는 피해를 주었다. 이처럼 부정적인 말의 파괴력은 엄청나다. 그 영향은 부모 자식간에만 국한되지 않으며 사회생활의 모든 면에서 나타난다.

　영국의 시트콤 〈미스터 빈〉으로 사람들에게 큰 웃음을 선사한 유명 코미디언 로완 앳킨슨이 우울증 환자라는 것을 알고 있는가?

　그가 우울증에 걸린 직접적인 원인은 평론가들의 비평 때문이었다. 당시 그는 영화 〈쟈니 잉글리쉬〉를 찍었는데, 평론가들은 그에게 악평을 쏟아냈고, 거대한 심리적 압박을 받은 그는 결국 우울증에 걸리고 말았다.

　많은 사람이 유쾌한 사람이 다른 사람들의 부정적인 평가로 인해 우울증에 걸린다는 것을 이해하지 못한다. 하지만 언급했듯이, 부정적인 언어는 사람들에게 정서적으로 우울한 최면을 건다.

　앞서 여러 가지 최면 기술들에 대해 알아볼 때, 내가 든 예시들은 모두 긍정적인 예시들이었다. 하지만 최면이 좋은 것이라고만 생각한다면 오산이다. 최면은 일종의 기술일 뿐이다. 어떻게 쓰느냐에 따라서 사람을 도울 수도, 해칠 수도 있다. 최면을 아예 모르는 사람도 자신도 모르게 행한 부정적인 최면으로, 심지어는 사랑이라는 이름의 가장한 최면으로 사람을 해친다. 따라서 긍정적인 최면을 배우는 것만으로는 부족하다. 우리는 타인의 부정적인 최면을 방어하는 법을 배울 필요가 있다.

최면은 일종의 상위 분류 틀을 세우는 것이다. 이 틀이 긍정적이고 아름답다면 주변 사람들은 이를 통해 올바른 방향으로 인도되고 인생은 점점 더 밝게 빛난다. 반대로 이 틀이 부정적이라면 어떻게 될까? 사람들은 다음과 같은 말을 종종 한다.

"나는 능력이 없어." "나는 안 돼."
"나는 한낱 하루살이에 불과해."
"내가 무슨 방법이 있겠어?"

이런 류의 말을 하는 사람들은 자신의 세계를 하나의 부정적인 틀에 가둬서 스스로를 제한한다. 이는 자아 부정 최면이다. 다음 말들을 살펴보자.

"어쩜 날이 갈수록 바보 같아지니?"
"그게 될 거라고 생각해? 꿈 깨!"
"이렇게 사소한 일도 못 하다니, 나중에 뭐가 되려고 그러니?"

익숙한 말들인가? 이 모든 말들이 당신을 옭아매는 말이다. 당신이 이런 말들을 믿는다면, 당신의 인생에는 희망이 없어진다. 불행하게도 이런 말들은 최면 기술을 써서 교묘히 당신의 잠재의식 속으로 침투한다. 게다가 이런 말을 한 사람이 내 상사이거나, 권위자, 혹은 내가 신뢰하는 사람이라면 그 영향은 배로 커진다. 그럼 이런 부정적인 최면을 만났을 때는 어떻게 해야 할까?

한 걸음 물러나 다른 관점에서 분석하기

최면은 일종의 상위 분류 틀로써 우리가 관점만 달리하면 그곳에서 빠져나올 수 있다. 이때 사용되는 기법이 바로 '틀 부수기 기술'이다. 부정적인 최면에 대한 틀 부수기 기술, 메타언어 모델을 집중적으로 소개해 보겠다.

메타언어 모델에서 'Meta'는 초월이라는 뜻이 있다. 메타언어 모델이란 높은 위치에서 언어의 모델을 명확히 파악하는 것을 말하며, 이를 통해 언어가 가진 부정적인 틀에서 빠져나올 수 있다.

당사자가 보지 못하는 것을 제3자는 볼 수 있듯이, 부정적인 최면과 마주쳤을 때 한 걸음 뒤로 물러나 다른 관점에서 언어를 보면 어느 정도 직접적인 영향에서 벗어날 수 있다.

말에는 생명을 부여하는 능력도 있지만 동시에 창조와 파괴의 능력도 있다. 지혜로운 사람은 한 걸음 물러나 깨어 있는 의식으로, 자신을 홀리려던 말이 생명의 언어인지, 죽음의 언어인지 자세히 살펴볼 줄 안다.

이처럼 자신을 틀에서 벗어나게 해주는 언어 기술을 '메타언어 모델'이라고 부른다. 메타언어 모델은 자신 또는 타인의 말 뒤에 숨겨진 의미를 더 잘 들여다볼 수 있게 하고, 신속하게 자신의 사고나 논리에 숨겨진 맹점을 발견하게 한다.

> 내면의 변화는 무조건 외부 세계로 표출되기 마련이다. 외면의 세계를 바꾸는 가장 간단한 방법은 내면의 지도를 바꾸는 것이다. 따라서 부정적인 틀을 부수기 위해서는 자신의 내면 지도를 확장해야 한다. 그러면 외면의 세계 또한 자연스레 확장된다.

메타언어 모델은 우리가 우리의 내면세계를 한걸음 물러나서 볼 수 있게 도와준다. 관점을 달리해 볼 수만 있다면 문제는 더 이상 문제가 아니라는 것을 알 수 있고, 부정적인 틀은 더 이상 우리를 옭아맬 수 없다.

최면 어법은 일종의 상위 분류의 틀인 반면, 메타언어는 일종의 하위 분류 기반의 틀 부수기 언어 기술이다. 이는 크게 생략, 왜곡, 일반화, 이 세 가지로 분류할 수 있다. 지금부터는 하위 분류 언어인 메타언어를 심층적으로 살펴보겠다.

메타언어 1 :
생략 _잃어버린 조각

생략이 뭘까? 짧은 이야기 두 편을 먼저 살펴보자.

미국의 유명한 사회자 링클레이터는 TV 프로그램에서 한 소년을 인터뷰했다.

"너는 커서 무엇이 되고 싶니?"

"저는 조종사가 될 거예요!" 링클레이터는 이어서 질문했다.

"어느 날, 너의 비행기가 태평양 상공을 지나고 있을 때, 기름이 다 떨어진다면 어떻게 할 거니?"

소년은 잠시 생각하더니 이렇게 대답했다.

"우선 승객들에게 안전벨트를 하라고 말한 뒤, 저는 낙하산을 메고 뛰어내릴 거예요."

소년의 대답을 들은 관중들은 배꼽을 잡으며 웃었다. 그들은 그가 아직 어려 무책임한 말을 한다고 생각했다. 그들은 소년이 자신만 살아남으려는 이기적인 생각을 하고 있다고 이해한 것이다.

사람들이 한바탕 웃고 있을 때, 링클레이터는 소년의 눈에 눈물이 가득 고인 것을 발견했다. 링클레이터는 관중들의 웃음을 멈추게 한 뒤, 소년에게 물었다.

"그렇게 하려는 이유가 무엇이니?"

소년은 사회자의 질문에 큰 소리로 대답했다.

"저는 누구보다 빨리 뛰어내려서 기름을 가져올 거예요!"

소년의 대답에 현장에 있던 사람들은 모두 할 말을 잃었다.

생각해 보자. 만약 링클레이터가 소년에게 마지막 질문을 하지 않았다면 아주 큰 오해를 낳았을 게 분명하다. 소년은 그저 자신의 안전만 생각한 이기적인 파일럿을 꿈꾸는 아이로 기억되었을 것이다.

사람들과 소통할 때, 말로 모든 내용을 표현하는 것은 쉽지 않다. 메시지 중 대부분은 자신도 모르는 사이에 생략되어 버린다. 이러한 생략으로 인해 사람들은 완전히 상반된 결론을 내리기도 한다.

어느 곤충학자와 상인이 함께 공원에서 산책을 하고 있었다. 이야기를 하며 길을 걷던 중, 곤충학자는 무슨 소리라도 들은 듯 갑자기 걸음을 멈췄다. 이에 상인이 고개를 갸우뚱하며 물었다.

"왜 그래?"

곤충학자는 한껏 상기된 말투로 말했다.

"방금 귀뚜라미 울음소리 들었어? 희귀 귀뚜라미임이 분명해!"

상인도 귀를 쫑긋 세우고 들어보려고 했지만, 아무 소리도 들리지 않았다. 그는 의심 가득한 눈으로 곤충학자를 쳐다보며 말했다.

"아무 소리도 안 들리는걸?"

"기다려 봐."

곤충학자는 이 말을 남기고는 풀숲으로 뛰어 들어갔다. 그리고 잠시 후, 그는 귀뚜라미 한 마리를 손에 들고 돌아왔다.

"봤지! 거짓말 아니라니까!"

상인은 곤충학자의 청력에 입이 떡 벌어졌다. 두 사람은 다시 길을 걷기 시작했다. 이런저런 얘기를 하며 걷던 중, 이번에는 상인이 걸음을 멈추더니, 오던 길을 되돌아가 땅에서 작은 동전 하나를 주워 왔다. 이번에는 곤충학자가 그의 눈썰미에 감탄을 금치 못했다.

곤충학자는 상인이 듣지 못한 곤충의 울음소리를 들을 수 있고, 상인은 곤충학자가 보지 못한 작은 동전을 볼 수 있었다.

이유가 뭘까? 이는 세상에 대한 두 사람의 관심사가 달랐기 때문이다. 따라서 이 두 사람이 바라보는 세상도 다를 수밖에 없다.

위의 사례 첫 번째 이야기는 메시지의 '생략'이 듣는 사람에게 얼마나 큰 오해를 불러오는지에 대해 알려 준다. 두 번째 이야기는 우리의 뇌가 관심사에 따라 어떤 메시지는 빠뜨리고, 또 어떤 메시지를 선택하는지를 알려 준다.

부정적인 최면은 언어의 생략 원리를 이용해 당사자를 어려움에 빠뜨린다. 우리는 메타언어 모델의 하위 분류를 통해 이런 생략된 것들을 감지하고, 부정적인 최면 상태에서 빠져나올 수 있다. 생략된 언어들은 '간단 생략, 비교 생략, 불명확한 주어, 불명확한 동사' 네 가지로 분류된다.

(1) 간단 생략

말 그대로 대화 속 중요 요소를 간단하게, 그리고 거침없이 생략하는 것을 뜻한다. 이는 문장을 불완전하게 만드는데 부정적인 최면을 뚫기 위해서는 생략된 내용을 찾아서 채워야 한다.

예를 들어, 어떤 사람들은 "나는 못 해."라는 모호한 말로 자신의 잠재력을 억누른다. 그러면 그의 잠재력은 어쩔 수 없이 한구석에 숨어서 나오지 못하게 된다. 이때 이러한 틀을 깨부셔 주고 싶다면 다음과 같이 질문하면 된다.

"뭘 못 하는데?"

이 질문을 던지면 그는 하위 분류를 탐색해 틀에서 빠져나올 수 있다.

한 직원이 당황한 얼굴로 이렇게 말했다고 하자.

"사장님, 큰일났습니다."

이럴 때 사장은 생략된 메시지를 채워 넣을 질문을 던지면 된다.

"무슨 일이죠? 어떤 문제가 생겼나요?"

이렇게 하면 직원은 잠시 숨을 고른 뒤, 생략된 내용을 채워 넣을 수 있다.

마음이 우울할 때, 어떤 사람들은 다음과 같은 말로 자신에게 최면을 건다.

"나는 아무것도 할 수 없나 봐."

이때 우리는 곧바로 그에게 질문해야 한다.

"뭘 할 수 없는데? 그러면 할 수 있는 건 뭐야?"

이처럼 이러한 유형의 문제를 마주했을 때는 하위 분류를 통해 생략된 요소를 찾아냄으로써 부정적인 최면에서 벗어날 수 있다.

(2) 비교 생략

'비교 생략'은 대화 속에 비교 대상이 생략된 것을 말한다. 이때는 판단 기준을 찾아와 이 틀을 부술 수 있다.

학부모들이 내게 자주 하는 질문이 있다.

"우리 딸아이는 원래 항상 반에서 상위권을 유지했는데, 고등학교에 진학한 뒤로는 늘 중위권을 맴돌아요. 애가 점점 퇴보하고 있는데 제가 어떻게 해야 할까요?"

그러면 나는 다음과 같은 질문을 한다.

"따님이 진학한 고등학교가 어떤 고등학교인가요? 지금 딸아이의 경쟁 대상은 얼마나 되나요? 이전에 있었던 곳에서 경쟁 대상은 몇 명이었죠?"

학부모들은 이런 질문을 받으면 서서히 아이가 어떤 상황에 처한 것인지 알고 대부분 이렇게 이해하게 된다.

'아, 환경이 바뀌고 경쟁 대상이 늘어난 것이지, 아이가 점점 퇴보한 것이 아니구나.'

이처럼 비교 기준을 찾은 학부모는 아이의 문제를 더 명확하게 볼 수 있게 된다.

우리 모두 다른 사람과 비교당하고 이마에 부정적인 꼬리표가 붙어서 자신감과 자존감이 바닥을 친 적이 있으리라 생각한다. 이때 우리가 판단 기준을 찾아낸다면 먹구름을 뚫고 맑은 하늘을 볼

수 있다. 만약 누군가가 당신에게 "너 왜 이렇게 멍청해? 혹시 바보
야?"라고 말한다면, 이에 맞서 판단 기준을 찾아보자.

> "대체 누구랑 비교해서? 누구보다 멍청하다는 거야? 공자?
> 맹자? 제갈량? 이 세 사람에 비해 바보 같더라도 내 인생은 변
> 함없이 근사해!"

(3) 불명확한 주어

불명확한 주어는 대화 속 주어가 모호한 것을 뜻한다. 자주 쓰이
는 말로는 '그들', '우리', '사람들', '누가' 등이 있다.

"사람들이 너는 잘 못한다고 하더라."

"우리는 너를 믿지 못하겠어."

"그들은 널 좋아하지 않아."

"고객들은 우리의 제품을 좋아하지 않아."

"누구나 그렇게 생각할걸?"

이럴 때 우리는 주어가 지칭하는 정확한 대상을 찾음으로써 이러
한 말들을 타파할 수 있다.

"도대체 '그들'이 누구야?"

"너가 말한 '우리'가 누구야? 너 말고 또 누가 그렇게 생각해?"

"'사람들'이 누구야? 구체적으로 알려 줄 수 있어?"

"얼마나 많은 고객이 우리 제품을 싫어해? 총 고객의 몇 퍼센트야?"

"네가 말한 '누구나'는 누굴 말하는 거야? 정확히 말해 줄 수 있어?"

부정적인 최면은 한편의 먹구름처럼 우리의 주변을 덮어 버려서 진상을 볼 수 없게 만든다. 이때 해결방법은 간단하다. 시선을 디테일에 집중하면 된다. 모호한 부분을 자세히 들여다보면 최면은 더 이상 통하지 않는다.

(4) 불명확한 동사

'불명확한 동사'는 대화에 사용된 동사가 구체적인 행위를 묘사하지 않는 것을 말한다. 부정적인 최면을 부수기 위해서는 동사의 특정 의미를 찾아내야 한다. 아마도 많은 사람이 가까운 사람으로부터 원망하는 말을 들어본 적이 있을 것이다.

"너는 나에게 관심을 주지 않아."

"너는 나에게 상처를 줬어."

"너랑 어떻게 대화해야 할지 전혀 모르겠다."

그리고 상대방의 이런 말은 자신을 괴롭게 하거나 억울하게 만들었을 것이다. 왜 그럴까? 상대방이 말하는 것에 동의할 수 없기 때문이다. 하지만 상대방은 그런 느낌을 받았고, 만약에 당신이 상대방과 그에 대해 논쟁하려고만 한다면, 다시 말해 상대방이 틀렸다는 것을 증명하고 논쟁에서 승리를 거머쥐려 한다면 관계는 끝나고 만다. 그렇다면 어떻게 해야 할까?

위의 문장을 다시 자세히 살펴보자. '관심을 주다', '상처를 주다', '대화하다'와 같은 동사들이 의미하는 내용은 명확하지 않다. 여기서 생략된 내용을 찾아온다면 자연스레 편안하게 대응할 수 있다. 예를 들어, 이렇게 물어보자.

"내가 어떤 관심을 보여 주길 원해?"

그러면 아마도 상대방은 이렇게 대답할 것이다.

"나 헤어스타일 바꿨는데, 어떻게 모를 수가 있어!"

'아, 그랬구나!' 이제 한숨 돌릴 수 있게 되었다. 이처럼 동사가 지칭하는 대상이 무엇인지 정확히 알고 나면 간단하게 대응할 수 있다.

사람과 소통할 때, 간단명료하게 말하는 것은 매우 중요하다. 하지만 그렇다고 해서 중요한 내용을 생략해 버리면 안 된다. 누군가 이런 방법으로 우리를 홀리려 한다면, 그 생략된 내용을 찾아 채움으로써 부정적 최면 효과를 피할 수 있다.

메타언어 2 :
왜곡 _조작된 진실

어느 날 선생님이 이런 질문을 했다.

"이번 시간에는 덧셈 뺄셈을 배워 보자! 철수네 형에게는 초콜릿 다섯 개가 있는데, 철수가 그중에서 세 개를 가져가면 어떻게 될까?"

그러자 한 학생이 대답했다.

"형한테 혼나요!"

선생님의 질문은 '초콜릿이 몇 개 남았느냐'였는데 학생은 철수네 형의 반응으로 왜곡했다.

이처럼 같은 질문이라도 전혀 다른 의미로 들릴 수 있다. 이 짧은 우스갯소리 속 '왜곡'은 하나의 웃음 포인트일 뿐, 이로 인해 피해를 본 사람은 없다. 이에 비해 현실 생활의 소통에서 왜곡된 언어들은 심각한 결과를 초래할 가능성이 크다.

유언비어, 즉 아무 근거 없이 널리 퍼진 소문, 터무니없이 떠도는 말, 사람들의 입을 타며 점점 본래 의미가 바뀌는 것, 이것이 바로 '왜곡'이다. 왜곡된 말에는 다음 다섯 가지 유형이 있다. '추측, 인과, 동일시, 가설, 텅 빈 말' 이런 왜곡된 어법은 어떻게 깨뜨려야 할까?

(1) 추측

자신이 상대방의 생각과 느낌을 안다고 어림잡는 것이 '추측'이다. 사실은 그저 자신의 '짐작'에 불과한데 말이다. 예를 들어, 다음과 같은 말들이 있다.

"네가 나 무시하는 거 알아."

"그는 날 더 이상 사랑하지 않을 거야."

"저건 날 겨냥해서 한 말이야."

"네가 나 싫어하는 거 알아."

우리는 이런 근거 없는 말들을 쉽게 식별해낼 수 있다. 이 말을 한 자신조차 이에 대한 근거가 없기 때문이다. 그렇다면 어떤 말로 이 부정적 최면을 부술 수 있을까? 우리는 상대가 내린 판단의 근거에 도전해야 한다.

"무슨 근거로 그렇게 판단한 거야?"
"어떻게 알게 됐는데?"
"그래? 어느 부분에서 그렇게 느꼈는데?"

이처럼 하위 분류를 통한 질문으로 판단의 근거를 찾으면 된다. 상대방이 확실한 근거를 찾지 못하면 부정적 최면도 쉽게 풀린다.

(2) 인과

우리는 앞서 앨런 랭어의 새치기 실험에서 무언가 '이유'를 제시했을 때 부탁을 들어줄 성공 확률이 크게 올라간다는 것을 알았다. 상대방에게 긍정적 암시를 내릴 때, 이 원리를 이용해 '지시' 앞에 '이유'를 하나 추가한다면, 당사자는 쉽게 받아들일 수 있다.

이와 같은 원리로 부정적 최면 또한 당사자의 잠재의식 속으로 쉽게 침투할 수 있다. 예를 들어보자.

"오늘 날씨가 안 좋아서 기분이 별로 좋지 않아."
"오늘 차가 막혀서 지각했어."

"그가 날 사랑하지 않아서 사는 게 의미가 없다."

"경제가 좋지 않아서, 사업이 힘들다."

듣기에는 타당한 말이지만 만약 자신이 이렇게 생각한다면 당신은 이미 부정적 언어로 최면에 걸린 것이다. 이런 최면은 인생을 눈에 띄게 제한한다. 그러므로 우리는 무조건 이를 깨부숴야 한다.

어떻게 깨뜨려야 할까? 위의 문장들을 다시 한번 자세히 살펴보자. 문장에는 필연적 상관관계가 없는 두 가지 일을 인과 관계로 연결 지었다는 공통점이 있다.

'날씨가 좋지 않은 것'과 '기분이 좋지 않은 것'은 필연적 관계가 아니다. 날씨가 좋지 않아도 기분 좋은 사람들은 많다. 자신의 기분을 날씨의 조건에 맡기면 인생 리모컨을 타인에게 건네 피동적인 삶을 살게 된다. 그러니 이런 부정적인 언어가 최면을 걸 때는 인과 관계를 파고들어서 이 두 가지에는 사실 직접적인 연관이 없다는 것을 볼 수 있게 하면 최면은 쉽게 풀린다. 이렇게 말이다.

"당신의 기분은 날씨에 따라 결정되나요? 날씨와 당신의 기분이 직접 관련이 있나요?"

"차가 막히는 것과 지각은 필연적 관계인가요? 차가 막혀도 제시간에 오는 사람이 있지 않나요?"

"그가 당신을 사랑하기 전에도 당신은 잘 살지 않았나요?"

"경제가 안 좋더라도 사업을 잘하는 사람이 있지 않습니까? 경제가 좋다고 모든 사업이 잘 풀리는 것도 아니지 않습니까?"

당사자가 이 두 가지에 직접적인 관계가 없다는 것을 깨달으면 최면은 바로 풀린다. 그리고 바로 이렇게 생각한다.

'아, 내가 말도 안 되는 생각을 했구나.'

(3) 동일시

"네가 날 친구로 생각한다면 마셔!"

만약 술을 마시지 않는 당신에게 친구가 이렇게 말한다면 어떻게 할 것인가?

"어떻게 내 생일을 잊을 수 있어? 당신은 날 사랑하지 않는 게 분명해."

집에 돌아온 남편에게 아내가 이처럼 원망한다면, 남편은 어떻게 아내의 화를 풀어야 할까?

"내 생각에 동의하지 않는 순간, 너는 내 적이 되는 거야!"

당신의 친구 혹은 동료가 당신과 논쟁하던 중에 이렇게 말한다면, 그리고 그의 생각에 동의하지 않지만, 그렇다고 적이 되고 싶지는 않다면 어떻게 반응해야 할까?

발견했을지 모르겠지만 방금 든 예시들은 모두 매우 강력한 강제성을 띠고 있다. 이들은 애초에 아무런 관련 없는 두 가지 사건을 같은 선상에 두고 있다. 이런 어법이 바로 '동일시'다. 이와 같은 부정적 최면을 타파하기 위해서는 이 두 가지 사건의 필연적 관계에 도전해 두 가지 사실이 동등할 수 없다는 것을 증명해야 한다. 앞서 든 예시를 다시 한번 살펴보자.

친구가 권한 술을 마시고 싶지 않다면 음주와 친구, 이 둘의 관계를 깨야 한다.

"어떻게 고작 술 한잔으로 우리의 관계를 따질 수 있어? 굳이 그렇게 어떤 물질로 우리의 관계를 확인하고 싶다면 술보다는 더 귀해야 하지 않겠어?"

만약 정말로 아내의 생일을 잊었다면 이렇게 자신을 구제해 보자.

"여보, 생일은 1년에 단 하루뿐이잖아. 어떻게 내가 이 하루 안에 당신을 향한 사랑을 다 표현할 수 있겠어, 앞으로 매일 당신에 대한 내 사랑을 보여 줄게. 어때?"

누군가 당신에게 자신을 지지하지 않으면 적이라고 말한다면 이렇게 대답해 보자.

"당신이 옳지 않은 방향으로 가는 것을 지지하는 사람은 당신의 친구인가요, 적인가요?"

동일시된 두 가지 일 사이를 파고들어서 동등 관계가 성립되지 않는다는 것을 보여 주면 부정적 최면은 더 이상 통하지 않는다.

몇몇 사람들은 자신의 인생을 그와 아무 관련 없는 일들과 한데 묶어 꼼짝 못 한 채로 살아간다. 메타언어 모델을 운용할 줄 알면 타인을 속박에서 풀어 줄 수 있을 뿐만 아니라, 자신도 번데기에서 벗어나 자유를 되찾는 나비가 될 수 있다.

(4) 가설

이때 가설은 메타언어식 방법이다. 즉, 부정적인 가설의 틀을 깨는 방식이다. 예를 들어 이런 질문을 받았다고 해 보자.

"요즘도 밤새도록 게임하세요?"

이는 부정적 가설의 틀을 씌운 질문이다. 이 질문에 대해 당신이 '예'라고 대답하든, '아니요'라고 대답하든 모두 그의 함정에 빠지는 꼴이 된다. 그렇다면 이 가설에 대해서는 어떻게 대응해야 할까?

우선 가설이 무엇인지 생각해 보자. 가설이란 존재하지 않는, 혹은 성립하지 않는 상황을 문장 속에 숨겨 놓는 것을 말한다. 따라서 이런 틀을 없애는 가장 간단한 방법은 숨겨진 가설을 찾아내고 그에 도전하는 것이다.

"요즘도 밤새도록 게임하세요?"

이 말에 숨겨진 가설은 '니는 과거에 밤을 새서 세임을 했다'이다. 따라서 당신은 다음과 같이 대응할 수 있다.

"왜 이런 질문을 하시죠?"

이렇게 반문함으로써 그 숨겨진 가설을 없애 버릴 수 있다. 또 다른 예시를 살펴보자.

"음료는 어떤 거로 드시겠어요?"

식당 종업원이 이처럼 물었다고 치자. 이는 일종의 가설로, 이 속에는 다음과 같은 뜻이 숨어 있다.

'당신은 반드시 음료를 마셔야 한다' 음료를 마시고 싶지 않다면 이렇게 반문하자.

"혹시 꼭 마셔야 하는 건가요?"

이렇게 숨겨진 가설을 찾아내고 이에 도전함으로써 당신은 괜한 지출을 하지 않을 수 있다. 몇 가지 추가 예시들을 더 살펴보자.

"왜 이렇게 날 도와주지 않는 거야?"

(당신이 그를 반드시 도울 것이라는 가설)

"너는 어떻게 항상 날 기만할 수 있어?"

(과거 당신이 그를 기만했었다는 가설)

"네가 언제쯤 후회하게 될까?"

(당신이 언젠가 후회할 거라는 가설)

(5) 텅 빈 말

'텅 빈 말'은 일종의 훌륭한 여백을 주는 방식이다. 분류하는 범위가 넓기 때문이다. 하지만 우리가 부정적 암시가 있는 대화 중에서 텅 빈 말을 사용하면 사람을 쉽게 함정에 빠트릴 수 있고, 주의하지 않으면 그를 그 속에 밀어 넣어서 헤어 나오지 못하게 만들 수도 있다. 예를 들어보자.

"나한테 요즘 엄청난 '문제'가 생겼어."

"너와 함께 있으면 '자유'가 없어."

"'도덕'이라고는 찾아볼 수가 없네."

"나는 '관계'를 유지할 줄 몰라."

'문제', '자유', '도덕', '관계' 이들은 모두 텅 빈 말이다. 범위가 너무 넓어서 이것이 구체적으로 무엇을 가리키는지 알 수 없고 안개 속에 있는 듯한 느낌을 준다. '사과', '방', '컴퓨터'와 같은 구체적 명사와 다르게, 텅 빈 말은 대부분 추상적 명사이다.

이런 류의 최면에 대응하는 최고의 방법은 하위 분류를 통해 이

단이들을 '구체화'하거나 명사화된 동사를 하나의 '과정'으로 바꿔
버리는 것이다.

> "당신이 말한 자유는 어떤 건가요? 구체적으로 설명해 줄 수 있나요?"
>
> "당신이 정의한 도덕은 어떤 건가요? 저의 어떤 행동이 당신의 도덕적 기
> 준을 넘었는지 알 수 있을까요?"
>
> "어떤 관계를 말하는 건지 알 수 있을까요? 부부 관계? 부모 자식 관계? 친
> 구 관계 아니면 자신과의 관계인가요?"

이처럼 텅 빈 말을 하위 분류하면 당신의 시야를 가리던 안개는
자연스레 사라진다. 텅 빈 말은 말의 범위가 너무 넓어 소통 과정에
서 정보가 왜곡되는 경우가 많다. 이럴 때 하위 분류만 기억한다면
문제는 쉽게 해결된다.

메타언어 3 :
일반화_장님 코끼리 만지기

　내 친구 중에는 키가 180센티미터 정도 되고 몸무게가 90킬로그램 정도 나가는, 덩치 좋고 무서울 것 없어 보이는 친구가 한 명 있다. 그런 친구가 우리 집에 올 때마다 현관 앞에서 안절부절못한다. 그러고는 이렇게 묻는다.

　"개는? 묶어 놨지? 문 닫아 놨지? 안 그러면 나 못 들어가!"

　그는 어렸을 때 개에게 물린 적이 있었다. 이런 경험이 있는 사람들은 성인이 되어서도 개를 무서워한다. 이와 비슷하게 어떤 사람은 어릴 때 나무에서 떨어진 경험 때문에 고소공포증이 생겼고, 어떤 사람은 어릴 때 친구가 나방으로 심하게 장난을 친 기억 때문에 곤충을 무서워한다. 한 번의 경험이 그들에겐 평생의 트라우마가

된 것이다.

'뱀에 놀란 놈 새끼줄만 봐도 놀란다'라는 속담처럼 한 번 우연히 놀란 경험이 있는 사람은 그 후에 그와 비슷한 일을 접하게 되면 도 망을 선택한다. 다시 말해, 인류는 한 번 위기를 겪고 난 뒤에는 생 존을 위한 본능으로 앞으로 그와 비슷한 모든 일을 피한다. 특수한 상황을 보편적인 일로 받아들이는 것이다. 이와 같은 현상을 '일반 화'라고 부른다.

만약 이 일이 긍정적인 일이라면 이런 일반화를 통해 더 많은 것 을 얻을 수 있겠지만, 반대로 부정적인 일에 대한 일반화는 우리의 인생에 울타리를 치는 것과 같다.

일반화는 크게 '일부분으로 전체 판단하기, 능력 제한, 불명확한 화자' 세 가지로 나눌 수 있다.

(1) 일부분으로 전체 판단하기

일부분으로 전체 판단하기는 장님 코끼리 만지기와 같이 한 가지 일을 일반화하고, 작은 일부분을 전체로 보는 것을 말한다. 이 언어 기법은 최면 언어를 이야기할 때도 언급했다시피 '항상', '모든', '절 대 ~않다', '하나도' 등을 자주 언급한다.

사장이 직원에게 이렇게 말한다.

"너는 '항상' 지각하네."

사실 이 직원은 평소에 지각을 자주 하지 않는 사람이고 어쩌다 지각을 했다. 하지만 사장이 두어 번의 지각을 '항상 지각을 한다'라는 말로 '일반화'시켰다. 직원에게 이는 큰 타격이 될 수 있다는 것은 생각하지 못한 채 말이다.

이런 일반화 어법에는 어떻게 대처해야 할까? 이럴 때는 실제 데이터를 찾아내 '정확히' 이야기하면 일반화는 성립하지 못한다. 이렇게 말이다.

"사장님, 지각해서 죄송합니다. 그간 지각한 적이 많지 않았는데 오늘 실수를 해 버렸네요. 앞으로는 이런 일이 없도록 주의하겠습니다."

남자에게 크게 상처받은 한 여성이 이렇게 말했다.

"좋은 남자라곤 하나도 없어."

그녀는 세상 모든 남자를 전부 좋지 않은 방향으로 일반화시켰다. 이럴 때는 어떻게 해야 할까? 그와 반대되는 예시를 하나 들면 된다. 예를 들어, "당신의 아버지나 오빠는 어떤가요?" 이렇게 묻는다. 이런 질문에 대상자는 아버지뿐만 아니라 주변의 좋은 남자들을 하나둘씩 기억해 낼 것이고 자신의 일반화에 오류가 있다는 것을 알게 될 것이다.

(2) 능력 제한

'능력 제한'이란 명확한 제한적 신념을 띤 말로 사상을 틀에 가두고 행동의 선택지를 제한해 버리는 것을 말한다. 능력 제한은 '가능성 능력 제한'과 '필수성 능력 제한' 두 가지로 나눌 수 있다.

가능성 능력 제한에서 자주 쓰는 단어로는 '불가능', '안 돼', '못 해' 등이 있다. 예를 들어보자.

"우리 사이는 불가능해."

"나는 창업하면 안 돼, 성공 못 해."

"내가 부자가 되는 건 불가능해."

이러한 제한을 없애려면 어떻게 해야 할까? 제한의 원인을 찾아내고 거기에 도전하면 그 틀을 벗어날 수 있다.

"왜 그렇게 생각해? 시도해 봤어? 시도해 보지도 않고 어떻게 불가능할 것이라 확신해?"

"네가 창업하면 안 되는 이유가 뭐야? 창업에 기준이 있다고 생각해?"

"무엇이 네가 부자가 되는 길을 막았는데?"

필수성 능력 제한도 위의 내용과 별다를 것 없다. 그저 제한하는 바가 조금 더 강할 뿐이다. 자주 사용하는 단어로는 '반드시', '꼭', '~해야만 한다' 등이 있다. 예를 들어보자.

"나도 방법이 없어, 나는 꼭 12시 이후에 자야만 잠들 수 있어."

"남자는 반드시 강해야만 해."

"너만 조용히 하고 있으면 돼, 반드시 침묵을 지켜야만 해."

해결 방법은 앞서 소개한 방법과 같다. 제한의 원인을 찾아 도전하면 된다.

"12시 전에 자려고 시도해 봤어? 무엇이 널 방해하는데?"

"간혹 강하지 않더라도 괜찮지 않아? 뭐가 어때서?"

"내가 말하면 안 되는 이유가 뭐야? 법적인 문제 때문에? 아니면 도덕적인 문제 때문에?"

(3) 불명확한 화자

어떤 말들은 출처를 밝히지 않음으로써 더욱 진리처럼 느껴지고 그에 대해 의문을 품지 않게 된다. 이러한 언어 모델이 긍정적으로 쓰인다면 물론 좋은 최면이지만, 만약 이러한 말들이 부정적인 암시를 품고 있다면 우리는 반드시 메타언어로 이걸 부숴버려야 한다. 예를 들어보자.

"상인은 모두 돈만 밝힌다."

"돈 많은 사람 중에 선한 사람 없다."

"학력이 낮은 자가 큰일을 이루기는 어렵다."

우리가 은연중에 생각 없이 듣거나 전하던 이런 말들이 알게 모르게 우리의 잠재의식 속으로 파고든 것이다. 이 말을 필터 없이 받아들이는 순간 자신도 모르게 부정적 최면의 덫에 빠지고 만다. 이 최면을 깨버리는 방법은 생각보다 간단하다. 불명확한 화자를 찾아내서 도전하면 된다. 바로 이렇게 말이다.

"누가 그래? 어떤 상황에서 한 말인데? 그 사람이 그렇다 그러면 무조건 그런 거야?"

행동이나 사건은 '환경'이 더해져야 그것만의 의미가 생긴다. 환경이 변하면 그 의미도 바뀌며, 원래의 진리도 더 이상 진리가 아닌 것이 된다. 이때 우리가 해야 하는 것이 바로 이 말이 나온 그때 당시 환경을 찾아내고, 분석해서 되묻는 것이다. 이 퍼즐들이 맞춰지면 부정적인 틀도 없어진다.

최면 언어 모델과 메타언어 모델을 비교해 보면 이 둘의 원리는 사실 같다는 것을 알 수 있다. 이 둘의 다른 점은 전자는 긍정적인 언어에 사용되는 반면, 후자는 부정적인 언어를 대처하는 데에 사용된다는 것이다. 두 모델은 같은 계열의 틀이지만, 최면은 긍정적인 틀로 사람을 일깨우고, 메타언어는 핑계를 하나 찾아서 부정적인 틀에 갇힌 사람을 끌어낸다.

다른 각도에서 보면 최면은 상위 분류 언어 기술로, 사람의 시야를 넓혀주고, 메타언어는 하위 분류 언어 기술로, 사건의 진상을 명확히 볼 수 있게 해준다.

오염된 지식에서
벗어나는 법

손적孫逖은 당나라 시인으로 매우 총명하고 천재적인 기질의 글재주가 있었다. 그는 당시 황제를 위해 조서 쓰는 일을 했다. 한번은 재상 장구령張九齡이 손적의 글을 보고 놀람을 금치 못하며 말했다.

"한 글자라도 고치고 싶은데, 고칠 게 없구나."

고대 초기의 글들은 대부분 죽간에 쓰였는데, 새기기도 어려울 뿐만 아니라 보관과 운반에도 어려움이 있었다. 그래서 고대로부터 전해져 내려오는 글들은 수십 번의 고심 끝에 나온 글들이며, 수천 번의 퇴고 끝에 마무리된 지혜의 결정체들이었다. 하지만 현재는 아무나 쉽게 글을 쓸 수 있는 환경이 되었다. 특히 인터넷이 발전하면서 이제 누구나 손쉽게 작문을 하는 작가가 될 수 있다. 통계에 따르면, 오늘날 83퍼센트의 사람들이 1인 미디어를 통해 각종 정보를 접한다고 한다. 문제는 인터넷이 우리에게 편리함을 제공해주는 동시에 '오염'된 지식도 피할 수 없게 만든다는 것이다. 등소평鄧小平은 이런 시대를 개탄하며 말했다.

"창문을 열면 신선한 바람이 들어오지만, 파리나 모기도 들어오는 법이다."

따라서 우리는 일상생활을 하며 주변 사람들로부터 오는 부정적 최면 말고도 인터넷의 부정적 최면 또한 방어해야 한다. 우리가 글을 읽는 것은 지식을 쌓기 위함이다. 부주의로 인해 부정적 정보의 최면에 걸린다면 본전도 못 찾는 격이다.

불명확한 화자 부분에서 얘기했듯이, 이런 부정적인 최면을 대할 때에는 화자에게 도전하고 어떤 근거가 있는지 알아봐야 한다. 같은 논리로 글을 볼 때도 우리는 글의 작가가 어떤 사람인지 그의 인생은 어땠는지 유의해야 한다. 작가의 인생이 엉망이면, 그가 말하는 관점은 강한 바이러스를 가지고 있을 가능성이 크다. 그가 글을 통해 전하는 가치관을 읽고 믿는다면 우리는 부정적인 상태로 끌려갈 수 있다. 이런 글은 읽으면 읽을수록 오염도는 점점 더 심각해진다.

앞서 나눈 메타언어 모델의 세 가지 기술을 터득한 다음, 글을 읽

자. 감지할 수만 있다면 바이러스에 걸리지 않는다. 일반적으로 다음 네 가지를 주의하자.

(1) 글쓴이는 어떤 사람인가?

불명확한 화자의 틀을 깨는 기술이 이때 필요하다. '글쓴이는 어떤 사람인가? 그는 어떤 경력을 가지고 있는가? 그의 인생은 어떤가?'를 먼저 살펴봐야 한다. 이러한 상황은 금융업계에서 많이 펼쳐진다.

인터넷에 수많은 주식 분석 글이 돌아다니는 것을 본 적이 있을 것이다. 그런 글을 봤을 때, 글쓴이가 누구인지, 그는 주식으로 돈을 얼마나 벌었을지 생각해 본 적 있지 않은가? 그가 돈을 못 벌었다면 당신이 그를 믿고 따를 이유는 하나도 없다.

결혼 생활을 어떻게 해야 할지 배우고 싶다면 글쓴이의 결혼 생활이 행복한지를 봐야 한다. 애초에 결혼한 적도 없으면서 결혼 생활을 하며 배우자와 어떻게 소통하며 지내야 하는지 떠벌리는 사람의 말을 믿을 수는 없다. 인터넷에는 정체 모를 화자들의 불명확한 글들이 난무한다. 이런 글들을 선별하는 것은 우리의 몫이다. 글을 읽을 때 글쓴이의 배경과 그의 경력을 살펴보면 잘못된 길을 피할 수 있다.

(2) 여러 선택지를 주는 글인가?

모든 일에는 세 가지 이상의 선택지가 있다. 하나의 선택지는 선택지가 없다는 뜻이고, 두 개의 선택지는 진퇴양난이라는 뜻이다. 어떤 글에서 글쓴이가 하나의 길만 강조한다면, 그 사람은 믿고 의지할 사람이 아닐 가능성이 크다. 당신을 '조종'하려 하기 때문이다.

> 좋은 글쓴이, 좋은 지도자는 인생의 여러 가지 가능성을 보여 주고 열어 주며, 당신의 앞길에 선택지가 충만하게 해 준다.

(3) 글을 읽고 나서 희망으로 가득 찼는가?

사람에게 희망을 보여 주는 것보다 더 중요한 것은 없다. 당신이 글 한 편을 읽고 난 뒤, 혹은 책 한 권을 읽고 난 뒤, 절망을 느꼈다면 그런 글은 되도록 멀리하자. 그런 책의 한 글자 한 글자는 당신을 깊은 수렁으로 빠지게 한다. 그러니 한 권의 책이나 글을 읽을 때도 늘 주의를 기울여 인생의 블랙홀에 빠지는 것을 방지해야 한다.

(4) 스스로 책임을 지게 하는가?

사람은 스스로 책임을 지는 순간부터 성장하기 시작한다. 만일 어떤 글이 당신의 불행은 사회의 무관심 때문이고, 부모가 만들어낸 깃이라고 말하며 책임을 미루게 만든다면, 그 글은 당신의 인생을 좀먹는 글이다. 이런 글은 당신을 원망과 고통의 늪으로 밀어 넣는다. 이와 반대로 스스로 인생의 책임을 지게 만들며, 당신의 인생을 점점 좋게 변화시키는 글은 읽을 가치가 있다.

우리는 다른 사람이 부정적인 말로 우리에게 최면을 거는 것을 방지해야 하고, 글과 영상매체와 같은 미디어로 독을 주입하는 것은 더 신경 써서 막아내야 한다.

메타언어
사용 원칙 4가지

"풍부한 지식을 쌓았지만 삶은 나아지지 않았어요."

이런 하소연은 여기저기서 들을 수 있다. 이런 문제가 생기는 이유는 '아는 것'과 '행동'의 불일치 때문이다. 머릿속에 머물러 있는 지식은 그저 하나의 정보에 불과하다, 행동으로 실천해야지만 지식을 힘으로 바꿀 수 있다. 그렇지 않다면 아무리 많은 지식을 쌓아도 아무런 쓸모가 없다. 메타언어 또한 그렇다. 생활 속에서 사용되어야 온전한 힘을 발휘할 수 있다. 메타언어를 사용할 때는 반드시 다음 네 가지 원칙을 준수해야 한다.

(1) 상대방의 신뢰 얻기

모든 소통은 신뢰를 전제로 이루어져야 한다. 소통은 신뢰의 기반 위에서 완성되어야 효과가 있기 때문이다.

"왜 이렇게 늦었어요?"

늦은 밤 퇴근한 남편에게 아내가 말했다. 같은 말이라도 결과는 신뢰도에 따라 달라진다. 서로 신뢰가 있는 부부 사이의 남편은 이렇게 대답할 것이다.

"여보, 아직까지 안 잤어요? 나 때문에 괜히 당신까지 피곤하겠어요."

신뢰가 없는 가정의 남편은 다음과 같이 대답할 것이다.

"당신 또 나 의심하는 거야? 나 진짜 야근하고 온 거야."

메타언어를 사용해서 타인을 도울 때, 상대방이 나에 대한 신뢰가 없거나 얕다면, 아무리 좋은 기술도 무용지물이다. 그런 상황에서 당신이 선물한 장미는 상대에게 가시로밖에 보이지 않는다. 따라서 나를 신뢰하지 않는 사람을 도우려고 나서지 말자.

(2) 언제나 상대방을 '정답'의 자리에 두기

사람은 언제나 자신이 옳다는 것을 증명하고 싶어 한다. 그건 상대방도 마찬가지다. 그러니 절대 상대를 '오답'의 자리에 두지 말자. 상대방이 틀렸다고 생각하는 순간, 당신이 아무리 선량하고 아무리 진정성 있는 말을 한다고 해도 상대방은 당신을 적대적으로 대한다. 당신에게 적의가 있는 사람은 당신의 조언을 그대로 받아들이지 않고 생트집을 잡아 도발하는 것으로 여길 것이다, 당신과 가까운 사람이라도 마음속에 반항심이 생기는 것을 피하기는 어렵다. 상대방의 기분이 좋지 않을 때는 충돌이 일어날 가능성이 크다. 한마디로 당신이 하고자 하는 말이 아무리 가치가 있더라도 상대방의 귓속에 들어갈 수는 없다는 말이다.

(3) 미리 틀을 세우기

소통할 때 우리는 상대방의 구역에 들어가야 할 때도 있고, 예리한 질문이나 상대방이 기분 나빠할 질문을 해야 할 때도 있다. 이럴 때 틀을 미리 세워 뒀느냐가 굉장히 중요하다. 틀을 세우는 것은 말하기 전에 범위를 미리 설정하는 것이다. 예를 들어, 나는 수업을 시작하기 전에 이렇게 말한다.

"앞으로 사흘 동안의 수업 과정을 모두가 이해할 수는 없습니다. 오직 언어에 관심이 있고 공들여 공부하는 사람만이 이해할 수 있습니다."

이 말을 했을 때 강의를 듣는 모든 사람은 스스로 자신을 이 틀 속에 넣는다. 그리고 정말 수업을 이해하지 못한 사람도 별 원망을 품지 않게 된다. 이처럼 메타언어를 사용하기 전에 미리 틀을 세워 이렇게 말하자.

> "당신에게 질문을 하나 하고 싶은데, 이 질문이 다소 예리할
> 수도 있고, 받아들이기 어려울 수도 있습니다. 제가 질문해도
> 되겠습니까?"

(4) 결정권은 상대방에게

사람들은 일반적으로 다른 사람의 결정에 반항하며, 직접 선택하
고 결정하는 것을 좋아한다. 따라서 우리는 사람들과 소통할 때 결
정권을 상대방에게 넘겨주어야 한다. 그러면 상대방은 자신이 내린
결정을 마음 편히 받아들이고, 자신의 약속에 책임을 지고 적극적
으로 실천할 것이다.

자, 메타언어를 사용할 때 지켜야 할 네 가지 원칙을 함께 살펴보
았다. 먼저 상대방의 신뢰를 얻고, 상대를 '정답'의 위치에 놓고, 미
리 틀을 세운 뒤, 결정권을 상대방에게 넘겨주자. 이 네 가지 원칙
은 일반적인 소통에서도 요긴하게 쓸 수 있다. 인간관계에서 이 원
칙들을 따라 소통한다면 반드시 기대 이상의 효과가 있을 것이다.

PART 4

삶을
변화시키는

언어의
마술

'틀의 규모 바꾸기'가 바로 그런 언어 기술이다. 이는 질문을 통해 상대가 더 긴 시간 선상에서, 더 많은 사람의 입장에서, 더 높은 곳에서, 더 넓은 시야를 가지고 새롭게 신념을 평가할 수 있게 한다. 어떤 고정된 관념을 갖고 있을 때 그 틀을 깨기 위해 우리는 조금은 떨어진 곳에서 그 관념을 평가해 볼 필요가 있다.

상대의 공격을 무력화시키는
언어의 마술

두 가지 짧은 이야기를 먼저 살펴보자.

한 여인과 스님이 배를 타고 강을 건너고 있었다. 배가 작아서 두 사람은 좁은 공간에 같이 있을 수밖에 없었는데 스님이 여인을 한 번 쳐다보자 그녀가 발끈하며 말했다.

"어엿이 속세를 떠난 사람이 경건치 못하게 여자를 훔쳐보면 어떡해요!"

깜짝 놀란 스님은 그냥 두 눈을 감아 버렸다. 이에 여인은 더 화가 나서 말했다.

"훔쳐본 것도 모자라서 이제는 눈을 감고 상상까지 해요? 진짜 답도 없네요!"

스님은 어쩔 수 없이 아예 여인을 등지고 앉았다. 그러자 여인은 더 화를 내며 양손을 허리춤에 얹고 말했다.

"당신 마음속에는 악마가 있는 게 틀림없어요! 거봐, 이제는 낯뜨거워 얼굴도 못 들잖아요!"

두 번째 이야기는 더욱 어처구니가 없다. 세 명의 강도가 모의해 다이아몬드 일곱 개를 훔쳤다. 범인들이 아지트에 돌아와 장물을 나누려는데 문제가 생겼다. 세 명이 7개를 나눠 가지려 하니 보석 하나가 남는 것이었다. 그러자 그중 가장 힘이 센 첫 번째 강도가 말했다.

"내가 두목이니까, 이 마지막 하나는 내가 갖도록 하지."

그러자 나머지 두 강도는 황당해했다.

"네가 왜 두목인데?"

첫 번째 강도가 대답했다.

"내가 보석 세 개를 가지고 있으니 내가 두목이지."

이 이야기를 가만히 듣다 보면 여인과 첫 번째 강도, 둘 다 말도 안 되는 논리를 펼치고 있다는 것을 알 수 있다. 하지만 실상 우리도 이들과 다르지 않다.

우리는 하나의 가치관이 생겼을 때, 각종 증거를 모아서 어떻게든 자신이 옳다는 것을 증명하려고 한다. 그 증거들이 아무리 황당하더라도 우리는 그 증거들을 하나하나 긴밀하게 연결해 반박할 수 없게 하고, 그 관념을 다이아몬드처럼 단단하게 만든다. 이것이 바로 사람들이 자신의 의견을 고집하는 원인이다.

한 사람의 신념은 그 행동에 영향을 미치고, 행동은 결과를, 즉 오늘날의 일상을 만들어낸다. 따라서 인생을 보다 멋지게 변화시키고 싶다면 반드시 과거의 관념을 바꿔야 한다. 하지만 신념이 다이아몬드처럼 단단해 깨부술 수 없다면 어떻게 바꿔야 할까?

다이아몬드 가공 과정에서 방법을 터득할 수 있다. 다이아몬드는 세상에서 가장 단단한 물질이다. 그렇다면 무엇으로 다이아몬드를 가공할까? 똑같은 재질의 다이아몬드만이 다이아몬드를 다듬을 수 있다. 이와 같은 이치로 누군가의 고집스러운 신념을 바꾸고 싶다면 한 가지 방법, 그의 신념으로 변화시킬 수밖에 없다. 상대방의 힘을 역이용해 상대방의 공격을 무력화시키는 합기도처럼 말이다.

이것이 바로 언어의 마술이다. 이 기술은 미국의 심리학자 로버트 딜츠가 신경 언어 프로그래밍을 기초로 발전시켰다. 로버트 선생은 내가 매우 존경하는 학자로 그의 수업을 들은 적이 있었는데,

그의 가르침은 나에게 피가 되고 살이 되었다. 그의 이론 시스템에서 나는 많은 영감을 받고 깨우침을 얻었다.

마술 공연은 바로 눈앞에서 펼쳐짐에도 믿을 수 없을 정도로 환상적인 일들이 벌어진다. 무언가에 홀린 듯한 기분이다. 하지만 무대 뒤에서 마술의 비밀을 본다면 머리를 탁 치며 "아하!"를 외치게 된다. 언어의 마술, 이 어법은 마술과 비슷한 매력을 지니고 있다. 이는 사물에 대한 사람들의 이해를 크게 바꾸고, 관념을 없애 버릴 수 있다. 이 어법의 구성을 자세히 들여다보면 사실 별 어려운 것은 없다.

하지만 마술의 비밀이 간단하다고 해서, 그리고 그걸 알았다고 해서 마술사처럼 공연할 수 있는 것은 아니다. 많은 시간을 투자해 연습하지 않는 이상 말이다. 언어의 마술 또한 그렇다. 알기만 해서는 소용이 없다. 끊임없는 연습을 통해 제대로 장악해야지만 신비한 작용을 발휘할 수 있다.

언어의 마술은 일종의 교묘한 '틀 부수기' 어법이다. 이는 상대방의 틀에 도전할 수 있지만, 상대방과 갈등을 일으키지는 않고, 교묘한 수법으로 상대방이 고집하는 생각을 없애 버린다. 지금부터는 여러 해 동안의 경험을 결합해서 로버트 딜츠의 이 신비한 어법을 독자들과 나눠보려 한다. 부디 이 언어 모델이 도움이 되길 바란다.

교묘한 틀 부수기 어법 1 :
"그건 네 생각일 뿐"

어떤 사람들은 자연계에서 일어나는 어떠한 현상을 두고 귀신의 장난이라고 생각하기도 한다. 하염없이 사막을 걷다 지치고 목마른 여행자 앞에 저 멀리 갑자기 푸른 호수가 나타났다고 해 보자. 흥분한 여행자는 미친 듯이 그곳으로 뛰어간다. 얼마나 달렸을까, 호수는 여전히 저 멀리에 있고, 거리는 전혀 가까워지지 않는다. 달리면 달릴수록 그의 힘만 빠질 뿐, 호수는 그 어디에도 없다.

알다시피 이는 귀신의 놀음과는 전혀 상관없는 신기루 현상일 뿐이다. 하지만 이런 자연 현상에 대해 알지 못하는 사람들은 자신이 그 호수를 보았다는 것을 강조하며 호수는 정말로 있다고, 분명 멀지 않은 곳에 있을 것이라고 말한다. 그러니 우리가 눈으로 본 것,

한 치의 의심도 없다는 것이 반드시 사실인 것만은 아니다.

"지도는 영토가 아니다. 하지만 당신의 지도는 곧 당신의 영토다."

논리학자 알프레드 코집스키Alfred Korzybski가 남긴 명언이다. '지도가 영토가 아니다'라는 말은, 지도는 우리가 가고 싶은 곳에 갈 수 있도록 도와주기는 하지만 실제 지형이나 풍경과는 큰 차이가 있다는 뜻이다. 사람마다 마음속에 세계에 대한 자신만의 인식과 묘사가 있다. 이런 인식과 묘사를 세계 모형이라고 부른다. 우리는 자신만의 세계 모형으로 세상에 대한 주석을 단다. 그리고 자기 머릿속에 있는 세계 모형이 곧 현실 세계라고 생각한다. 우리는 어떤 일을 하든 이 세계 모형을 참조하며, 서로 다른 세계 모형은 우리가 서로 다른 결정을 내리게 한다. 그렇게 크고 작은 결정들이 쌓여 우리의 운명을 완성한다.

머릿속에 있는 지도는 실제 영토가 아니다. 하지만 우리가 머릿속 지도를 따라 행동하고 그 결과가 머릿속 지도와 서로 부합한 세계를 만들어내기 때문에 우리의 지도는 곧 우리의 영토가 되어 버렸다.

신념이 사실을 만들어낼 수는 있지만, 그렇다고 신념이 곧 사실인 것은 아니다.

자신의 신념이 곧 '사실'이라고 믿는 순간, 변화는 불가능하다. 따라서 변화의 전제는 그가 사실이라고 믿는 신념을 다른 신념으로 대체하는 것이다. 자신이 사실이라고 생각하는 것이 그저 하나의 신념에 불과하다는 것을 인정하고 의식하는 순간 변화를 위한 공간이 생긴다.

앞서 들었던 예를 다시 살펴보자. 스님은 여인에게 간단히 이렇게 말할 수 있다.

"아미타불, 여사님의 생각은 그렇군요."

나머지 두 강도도 첫 번째 강도에게 이렇게 물어볼 수 있다.

"너는 그렇게 생각하는구나?"

그러면 그들은 이렇게 말할 것이다.

"맞아, 나는 이렇게 생각해."

대화가 여기까지 진행된다면, 상황은 이미 명확해졌다. 이는 누군가의 '생각'일 뿐이지, '사실'이 아니라는 말이다! 다시 말해 이렇게 생각할 수도, 저렇게 생각할 수도 있다는 말이다. 그렇게 변화의 문은 활짝 열렸다.

"너는 그렇게 생각하는구나?"

이 간단하고도 단순한 질문 하나로 상대가 '사실'이라고 여기는 것을 교묘하게 그저 '신념'이었다는 것으로 바꿀 수 있다. 물론 그 외에 다른 표현 방법들도 있다.

"줄곧 그렇게 생각해 오셨군요."

"이건 당신 개인의 생각인 거죠?"

"다른 사람도 같은 생각일까요?"

"모든 사람이 전부 당신과 같은 생각을 하나요?"

"그렇게 생각하게 된 이유는 뭔가요?"

이런 종류의 질문들로 사실이라고 믿는 것이 단지 하나의 신념일 뿐이라는 것을 인지시켜 줄 수도 있고, 그저 '개인의 관점'이라는 것을 상대방이 깨닫게 할 수도 있다. 이 중요한 한 발을 내디딘 뒤, 다음과 같은 질문으로 그가 '타인'의 입장에서 문제를 보게 할 수 있다.

"다른 사람들은 어떻게 생각할까요?"

"우리는 어떻게 생각할지, 생각해 본 적 있나요?"

"누구누구는 어떻게 생각할까요?"

아니면 바로 어느 권위 있는 사람의 관점을 인용해서 당사자가 사실이라고 여기는 것이 그저 자신의 편향된 생각일 뿐임을 깨닫게 할 수 있다. 예를 들어 누군가 "경기가 좋지 않아서 사업하기가 어렵다."라고 원망한다면, 이렇게 이야기할 수 있다.

"모두가 당신처럼 생각할 수도 있어요. 하지만 일본에서 가장 존경받는 3대 기업가 중 한 명인 이나모리 가즈오는 경기가 안 좋을 때가 바로 기업이 발전할 수 있는 가장 좋은 타이밍이라고 말했습니다."

이 한마디는 상대방의 생각을 바꾸기에 충분할 것이다.

어느 순간, 부부 관계가 한계에 부딪혀 한 치 앞도 진전할 수 없을 때가 있다. 어떤 사람은 배우자에게 여러 번 실망한 뒤로 그에게 부정적인 꼬리표를 붙여 버리고 그를 인간쓰레기 취급하며 그걸 사실로 여기곤 한다. 이 단계에 다다른 부부 관계는 거의 끝났다고 볼 수도 있을 것이다. 하지만 심리상담을 요청할 마음만 있다면, 이런 관계에서도 아직 희망은 있다.

만일 누군가가 자신의 배우자를 '인간쓰레기'라고 한다면 그에게 이렇게 질문하자.

"아, 당신은 그렇게 생각하는군요? 아이들도 그렇게 생각하나요? 당신의 생각에 동의하지 않는 사람이 있지는 않나요?"

이 질문을 통해 최소한 그의 생각이 곧 사실은 아니라는 것을 알려 줄 수 있다.

자, 그럼 이제 한번 연습해 보자. 누군가 당신에게 다음과 같은 말을 한다면 어떻게 반응할 것인가?

"결혼은 사랑의 무덤이다."

"연애는 시간 낭비야."

"말 잘 듣는 아이가 착한 아이."

사실이 신념이었다는 것을 깨닫게 한 후 상대의 세계관을 넓히는 방법 외에도 신념을 고집했을 때 생기는 결과를 보여 줘 변화를 이끌 수도 있다. 이 방법은 다음 장에서 자세히 얘기해 보자.

교묘한 틀 부수기 어법 2 :
결과 보여 주기

세상의 많은 사람이 몇 가지 황당한 생각들을 고집하며 살아간다.

"되는 일이 없는 걸 보니 이번 생은 망쳤어."
"나는 늘 운이 나빠서 이번 결과도 엉망일 거야."
"오늘 너 때문에 다 망했어."

가족이나 친구가 이런 말을 하면 당신은 어떻게 하는가? 대부분은 묻고 따질 것도 없이 상대방을 질타하거나 말다툼을 할 것이다. 그런데 잔소리나 말다툼이 소용 있을까? 말다툼에서 이긴다 해도 관계는 데면데면해질 것이 뻔하다. 그렇다면 어떻게 해야 할까?

누구의 논리가 맞는지 말다툼을 할 바에는 그 생각이 초래할 결과를 바로 보여 주는 것이 훨씬 낫다. 결과를 본 그는 자신의 신념이 얼마나 황당했는지 깨닫게 된다.

앞에 들었던 예시들에 대해 우리는 다음과 같이 대응할 수 있다.

"당신의 그런 생각은 어떤 결과를 낳을까요? 그 생각이 인생을 좀 더 의미 있게 해주나요?"

"그렇게 생각한다고 결과가 좋아질까요?"

"책임을 상대에게 미루는 게 관계에 도움이 될까요? 그렇게 생각할 때, 주도권은 누구에게 있나요? 관계의 주도권을 상대에게 주려는 이유가 뭔가요? 수동적인 인생을 원하시나요?"

이처럼 신념으로 인해 생기는 결과에 집중해 신념 자체에 도전하는 어법을 '결과 어법'이라고 부른다.

아이가 스스로 양치하는 습관을 들이는 것은 수많은 부모의 과제다. 대부분의 부모는 강압적으로 아이에게 양치를 시킨다. 하지만 강압적으로 하다 보면 반항이 나오게 마련이다. 아이들도 예외가 아니다. 어떤 이성적인 부모들은 양치 하나로 아직 어린아이에게 삶의 도리를 운운하기도 한다. 하지만 아무리 쓸모 있는 도리일지라도 아이가 받아들이지 않는다면 백해무익이다.

중국 영화배우 쑨리가 아이에게 양치를 가르쳤던 경험을 인터넷에 공유한 적이 있었다. 그녀는 양치에 관련된 영상을 찾아서 아이에게 보여 줬다. 영상 속에는 6살짜리 한 남자아이가 단것을 너무 많이 먹은 나머지 썩은 이 일곱 개를 뽑는 내용이 담겨 있었다. 영상 속 아이가 이를 뽑고 그로 인해 힘들어하는 것을 본 아이들은 스스로 양치하기 시작했다. 부모가 잔소리하고 가르칠 필요가 전혀 없었다. 이게 바로 '결과 어법'의 효과다.

수많은 부모 그리고 선배가 아이들과 후배들에게 이렇게 말한다.

"다 너 잘되라고 이러는 거야!"

이런 말을 들은 당사자는 어떤 기분이 들까? 아마 이렇게 반박할지 모른다.

"저를 위해 이렇게 하시는 거 저도 잘 알아요, 감사해요. 하지만 이렇게 하셨을 때 제가 나아졌나요? 그저 괴로워졌을 뿐이죠. 이런 결과를 바라신 건 아니지 않나요?"

그러니 쓸데없이 입만 아픈 이런 고리타분한 말은 그만두고 '결과 어법'을 한번 사용해 보자. 앞서 들었던 예시 외에 우리는 다음과 같은 질문들로 신념이 불러오는 결과를 상대에게 보여 줄 수 있다.

"이런 생각을 유지했을 때 어떤 결과가 있을까요?"

"그 상태로 10년이 지나면 어떻게 될까요?"

"그게 당신의 가족들에게 어떤 영향을 미치게 될까요?"

"당신이 바란 결과가 이것인가요? 아니라면 생각을 한번 바꿔볼 수는 없나요?"

사람들은 자신이 옳다는 것을 증명하고 싶어 한다. 따라서 말다툼, 논쟁은 상대방의 반항 심리만 자극할 뿐, 상대방의 신념을 바꾸는 것은 불가능하다. 이때 초점을 미래로 맞추고 그가 그 생각을 유지했을 때 미래에 생길 결과를 그에게 보여 주자. 미래를 본 그는 한결 이성적으로 현재를 대할 것이다.

교묘한 틀 부수기 어법 3 :
또 다른 결과 보여 주기

자신이 얼어 죽은 시체인 '강시'라고 믿는 환자 한 명이 있었다. 의사들은 여러 방법으로 그에게 강시라고 생각하는 그의 신념이 잘 못된 것이라는 걸 알려 주기 위해 노력했다. 한 대담한 의사는 주삿 바늘로 그의 손을 찌르고 이렇게 말했다.

"보세요, 손가락에서 피가 나고 있지 않습니까. 당신이 강시라면 피가 나지 않아야 정상일 텐데요."

그러자 그 환자는 깜짝 놀라며 아무도 예상하지 못한 대답을 했 다.

"어떻게 이럴 수가 있지? 강시도 피를 흘리는구나!"

환자는 여전히 자신의 신념을 고집했고 그렇게 의사의 노력은 헛

수고가 되었다. 더 이상 방도가 없다는 생각에 다른 의사를 데리고 왔다. 새로 온 의사는 상황을 파악한 뒤, 단 몇 마디 말로 이 환자를 치료해 냈다. 어떻게 한 것일까? 다음 대화에 답이 있다.

의사 듣기론 강시도 피를 흘린다고 하던데, 맞나요?

환자 그렇습니다.

의사 강시가 피를 흘릴 수 있다니, 그럼 밥도 먹을 수 있겠네요?

환자 그렇죠.

의사 강시가 밥도 먹을 수 있다니, 그럼 일도 할 수 있겠네요?

환자 네. 그렇죠.

의사 밥도 먹고 일도 할 수 있다니, 그럼 강시도 결혼하고 아이를 낳고 영화도 보고 여행도 다닐 수 있겠네요?

환자 네….

자, 그럼 강시와 일반인의 생활이 뭐가 다르겠는가? 그렇게 자신을 강시라고 여긴 환자는 퇴원 후 일반 사람들과 똑같은 삶을 살 수 있었다. 의사는 '나는 강시야'라는 환자의 신념을 바꾸려 하지 않았다. 그는 환자의 신념을 또 다른 하나의 결과로 인도했다. '강시도 보통 사람들처럼 생활할 수 있다' 이게 바로 언어의 마술 중 하나인 '또 다른 결과'이다. '또 다른 결과'란 상대방의 신념 그 자체를 바꾸는 것이 아니라, 그것을 또 다른 하나의 가능성으로 연결 짓는 것이다.

익숙한 각도에서 벗어나 다른 시선으로 보기

몇몇 자신감이 없는 사람들은 다음과 같은 부정적인 신념을 가지고 있다.

"난 못 해."
"나는 기억력이 너무 안 좋아."
"나는 너무 멍청해."

이럴 때, "너는 할 수 있어.", "너 기억력 좋아.", "너는 멍청하지 않아." 같은 말들은 그다지 설득력이 없다. "네가 나보다 날 잘 알아?"라는 상대방의 말 한마디에 대화가 끝나 버릴 수도 있다.

모든 일은 앞뒤 양면이 있는 법이다, '음' 중에 '양'이 있고, '양' 중에 '음'이 있다. 노자의 『도덕경』에는 이런 문장이 나온다.

"고유지이위리, 무지이위용故有之以爲利, 無之以爲用"

'무언가를 가지고 있는 것은 편리함을 가져다준다. 마찬가지로 가진 게 없는 것 또한 다른 쓸모가 있다'는 말이다. 『장자』에는 이런 이야기가 나온다.

석 씨라는 목수가 길을 걷던 중 키가 하늘에 닿을 듯하고, 성인 남성 열댓 명이 둘러앉아도 모자랄 둘레를 가진 상수리나무를 보았다. 구경꾼들은 그 나무를 '신의 나무'라고 불렀다. 하지만 석 씨는 콧방귀를 뀌며 거들떠보지도 않은 채 자리를 떠났다. 그러자 어떤 사람이 그에게 이유를 물었다. 석 씨가 대답했다.

"상수리나무는 아무짝에 쓸모가 없는 나무입니다. 저걸로 배를 만들면 가라앉고, 그릇을 만들면 쉽게 깨지며, 관을 짜자 하니 또 쉽게 부식됩니다. 이처럼 쓸모가 없으니 쳐다볼 필요도 없지요."

그렇게 집에 돌아와 잠을 청한 석 씨는 꿈을 하나 꾸었는데, 꿈속에 상수리나무가 나와서 그에게 말했다.

"그대는 내가 쓸모가 없다고 했는데, 어디에다 견주어서 한 말인가? 열매가 열리는 나무에 견준 것인가? 나무의 열매가 익으면 사람들이 강제로 따가고, 가지들은 꺾이며 제 명을 다 채우지 못한 채 생을 마감하네. 그대들에게 쓸모가 있다고 여겨지는 그 어떤 나무도 이와 같은 결과를 피하지 못하지. 하지만 그대들에게 쓸모가 없다고 여겨지는 나는 이렇게 살아 있지 않은가, 그렇게 사람들에게 신의 나무로 불리고 사람들은 나에게 와서 기도하지 않는가? 이래도 내가 쓸모없다고 할 수 있는가?"

쓸모없어 보이는 것을 다른 각도에서 보면 큰 쓸모가 있을 가능성이 있다. 이게 바로 '또 다른 결과'의 교묘한 부분이다. 언어를 통해 상대에게 사건의 다른 면을 보게 만들면 이로써 그가 제한된 틀에서 나오게 할 수 있다. 누군가 '나는 이런 일 못 해'라는 말로 자신의 능력을 낮게 평가한다면, 우리는 다음과 같은 말로 그에게 또 다른 결과를 보여 줄 수 있다.

> "당신은 완전 리더 체질이군요, 이런 작은 일을 당신이 직접 할 필요는 없어요. 유방이 이렇게 말했죠. '내 글은 소하만 못하고, 무술은 한신만 못하며, 전략은 장량만 못하다.' 하지만 그는 결국 황제의 사리에 올랐습니다."

또 누군가 '나는 기억력이 너무 안 좋아'라고 말한다면 우리는 또 다른 결과를 그에게 보여 줄 수 있다.

"기억력이 좋지 않기 때문에 당신이 지금까지 행복하게 살 수 있었던 겁니다. 잊고 싶은 것이 있어도 잊지 못하는 사람들이 있습니다. 기억력이 좋지 않으면 더 자유롭고 즐겁게 살 수 있죠."

부모들이 '내 아이는 말을 너무 듣지 않아요'라는 하소연을 자주 한다. 말을 듣지 않는 것은 보기에는 좋지 않은 결과 같지만, 다른 각도에서 보면 어떨까? 아이는 자신만의 생각이 있으며, 창의력이 있고, 주관이 있는 것이나. 이는 모든 부모가 아이에게 바라는 바가 아닌가?

"인개지유용지용, 이막지무용지용야人皆知有用之用 而莫知無用之用也"

풀이하면 사람들은 쓸모 있는 것의 쓰임은 알지만, 쓸모없는 것의 쓰임은 알지 못한다는 것이다. 지혜는 넓은 시야와 다각도에서부터 비롯된다. 일반 사람들은 대부분 자신이 익숙한 각도에서 세상을 바라보곤 한다. '또 다른 결과'는 사람들이 세상을 바라보는 각도를 넓혀주는 언어 모델이다.

부정사를 분별할 줄 모르는
뇌 속이기

　해외의 한 연구 결과에 따르면, 부정적인 단어는 매우 강력한 암시 작용을 하는데, 이는 단 1초면 충분하다. 과정은 이렇다. 부정적인 단어를 입력한 뇌는 급성 스트레스에 반응하는 물질인 코르티솔을 대량으로 분비하게 만들어, 대뇌의 운동을 멈추게 한다. 이렇게 대뇌의 사고력이 멈추면 논리적 추론과 언어 소통 능력은 더 이상 제 기능을 하지 못한다. 그렇다면 부정적인 단어가 주는 피해를 막기 위해 어떻게 해야 할까?

　신경 언어 프로그래밍의 창시자 중 한 명인 리처드 밴들러Richard Bandler는 심리학에 관심이 많아 틈날 때마다 수많은 심리학 관련 책을 읽었다. 대학 시절, 그는 우연히 미국의 가족 치료 일인자인 사티어 여사를 도와 녹음테이프를 정리하는 아르바이트를 하게 되었다. 리처드는 수개월에 걸쳐 이 일을 하였는데, 그 과정에서 매우 신기한 현상을 포착했다.

우울하게 진료소에 들어온 환자들이 사티어와 몇 시간 대화를 마치고 나면 다들 어깨를 쫙 펴고 미소를 띤 채 집으로 돌아가는 것이 아닌가? '그녀가 도대체 어떻게 하길래 환자들이 이렇게 변할까?'라는 생각에 사티어의 녹음테이프와 비디오테이프를 돌려보며 연구하기 시작했다. 그리고 마침내 사티어의 '말'에 숨겨진 비밀을 찾아낼 수 있었다.

그녀는 환자들이 사용하는 부정적인 단어들을 수정했다. 예를 들어 "의사 선생님, 저는 요즘 큰 문제에 빠졌어요."라고 환자가 말하면, 사티어는 이렇게 대답한다.

"자, 당신이 만난 상황을 설명해주세요."

그녀는 '문제'를 '상황'으로 살짝 바꾸었다. 환자가 또 말했다.

"선생님, 요즘 제 생활에 고난이 너무 많습니다."

사티어는 이렇게 맞받아쳤다.

"아, 지금 당신의 생활은 도전으로 가득하군요."

그녀는 또 아주 살짝, '고난'을 '도전'으로 바꾸었다.

이 방법은 '언어의 재구성' 또는 '새로운 정의'로 불린다. '새로운 정의'란, 뜻은 비슷하지만 개념은 다른 새로운 단어로 원래의 문장 속에 있는 중요한 어휘를 대체해 버리는 것을 말한다. 바로 이런 식이다.

문제 ⇒ 상황

고난 ⇒ 도전

어렵다 ⇒ 쉽지 않다

안 된다 ⇒ 아직 방법을 찾지 못했다

몇몇 단어만 바꿨을 뿐이지만, 문장이 담고 있는 부정적인 내용이 긍정적인 내용으로 바뀐다. 이를 들은 상대방은 자신도 모르게 기분이 좋아질 것이다. 우울한 기분으로 사티어의 방을 찾았지만 상담 후 돌아갈 때는 이런 기분이 든다.

'나에겐 고난이 있는 것이 아니라 도전해야 할 것이 있는 것이고, 돌파하기 난감한 인생이 아니라 그저 좀 쉽지 않은 인생인 것이다. 그리고 그 인생을 변화시키는 건 불가능한 것이 아니라 단지 아직 방법을 찾지 못했을 뿐이다.'

우리의 존재로 세상을 더 아름답게 하는 것, 이건 우리 모두의 공동된 사명이다. 새로운 정의를 배운 우리는 부정적인 단어를 듣거나 말하고 싶을 때 이를 긍정적인 단어로 바꿀 수 있다. 순간적으로 긍정적인 단어가 떠오르지 않을 때는 부정사를 지닌 긍정적인 말로 부정적인 단어를 대체할 수 있다.

> 예를 들어 우리는 '어렵다'를 '쉽지 않다'로 대체할 수 있고, '기분이 나쁘다'를 '기분이 좋지 않다'로 대체할 수 있다. 우리의 뇌는 부정사를 분별할 줄 모른다. '쉽지 않다'와 '기분이 좋지 않다'가 뇌 속에 남기는 인상은 '쉽다'와 '기분이 좋다'이며, 이는 '어렵다'와 '기분이 나쁘다'가 주는 느낌과 완전히 다르다.

천국과 지옥의 차이는 마음 먹기에 달렸다는 말처럼, 표현만 살짝 바꿈으로써 부정적인 말로 인해 늪에 빠진 사람을 순식간에 다른 곳으로 인도할 수 있다. 당신이 이 기술을 자주 사용하면 주변 사람들은 당신과 대화하고 싶어 할 것이고, 자연스레 인맥이 넓어질 것이다. 그러면 기회가 늘어나고 삶도 더 윤택해진다.

어디든 숨어 있는
긍정적인 동기 찾기

한 강의에서 '행위 뒤에는 반드시 긍정적인 동기가 있다'라는 주제의 강의를 끝내자, 단상 아래 한 수강생이 손을 들었다. 그는 회사의 대표로 평생을 놀고먹어도 될 만큼 많은 자산을 가지고 있었다. 그렇지만 그의 표정은 늘 어두웠다. 알고 보니 그의 아버지가 술만 마시면 물건들을 던지며 온 집안을 난장판으로 만든다는 것이었다. 그는 아버지 집의 가정부로부터 전화가 올까 봐 하루하루 마음 졸이며 살아가고 있었다. 그는 내게 이런 질문을 했다.

"행위 뒤에 반드시 긍정적인 동기가 있는 것은 아닙니다. 제 아버지는 술만 마시면 물건을 부수는데, 그 행동에 무슨 긍정적인 동기가 있겠습니까?"

나는 그를 지긋이 바라보며 물었다.

"정말로 없나요? 물건을 부수고 난 아버지에게 돌아오는 좋은 결과가 없나요?"

수강생이 대답했다.

"있을 리가 없죠! 자식들이 찾아와서 욕만 하는데, 좋을 리 있나요?"

나는 그의 말에서 뭔가를 찾아냈다.

"아버지가 물건을 부수면 자식들이 집으로 찾아오죠? 아버지가 물건을 부수지 않았을 때 집에 가서 뵌 적이 있나요?"

그는 그제야 깨달았다. 늙은 아버지가 집에 와서 같이 밥 한 끼 하자고 했을 때 다들 회의가 있어서, 약속이 있어서 못 간다는 핑계를 대며 누구도 아버지를 찾아가지 않았다. 어머니는 이미 세상을 떠났고, 대화할 사람이라곤 가정부밖에 없이 외롭게 지내는 아버지의 마음은 어땠을까? 먹먹한 마음에 하루하루 술만 들이켜던 아버지는 어느 날 너무 취한 나머지 실수로 TV를 깨뜨렸다. 그러자 소식을 들은 자식들이 전부 집으로 달려왔고, 그날 이후 아버지는 술만 마셨다 하면 물건을 부쉈다. 물론 자식들을 보기 위해 의도적으로 물건을 부순 것은 아니다. 하지만 그의 '잠재의식'은 물건을 부수면 자식들이 온다는 사실을 기억하고 재차 그런 행동을 하게 된 것이다.

모든 행위의 배후에는 반드시 긍정적인 동기가 있다. 자식들이 종종 집에 와서 그를 보기 원하는 것이 바로 이 늙은 아버지의 긍정적 동기였다. 수강생은 이를 깨닫고, 집에 가자마자 가족회의를 열어서 형제들이 돌아가며 아버지를 찾아뵙는 시간을 정했다. 그 이후로 아버지는 여전히 술을 마셨지만 물건을 부수는 일은 하지 않았다.

숨어 있는 긍정적 동기를 찾아라

이 이야기를 통해 모든 행위의 배후에는 반드시 긍정적 동기가 있다는 사실을 우린 알 수 있다. 사람들은 긍정적 동기를 충족시키기 위해 각종 수단을 사용한다. 긍정적인 행위로 동기가 충족되지 않으면 그들은 부정적인 행위로 이를 표출하기 시작한다. 따라서 부정적인 행위를 바꾸고 싶다면 우리는 또 다른 행위로 그의 긍정적 동기를 충족시켜야 한다. 긍정적 동기가 충족되면, 기존의 부정적 행위는 자연스레 달라진다.

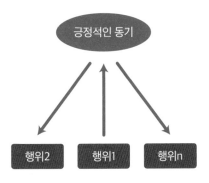

이 원리는 신념에도 동일하게 작용된다. 모든 신념의 배후에는 반드시 긍정적인 동기가 있다. 한 사람이 어떤 신념을 고집하는 것은 그의 긍정적 동기를 보호하기 위해서다. 만일 우리가 또 다른 신념으로 그의 동기를 만족시켜 준다면, 그는 더 이상 기존의 신념을 고집하지 않는다. 이것이 바로 '의도'라는 어법이다.

결혼 관련 상담을 할 때, 나는 종종 다음과 같은 신념을 가진 사람들을 만난다.

"세상에 좋은 남자는 없어요."

이 여성은 한평생 독신으로 살 가능성이 크다. 남자에게 받은 상처로 인해 생긴 결혼에 대한 두려움 때문이다. 그렇다면 그녀의 이런 신념 뒤에 숨은 긍정적 동기는 무엇일까? 그녀는 또다시 남자에게 상처를 받지 않게 자신을 보호하고 있는 것이다. 그녀의 긍정적 동기를 발견한 뒤, 나는 보통 이렇게 말한다.

"당신이 자신을 지키려고 남성을 경계한다는 것을 압니다."

우선 그녀의 긍정적 동기를 인정해주고 나서 그녀가 생각을 바꿀 수 있도록 인도한다.

"상처받지 않게 자신을 보호한다는 전제 아래 신뢰할 만한 남자를 만나볼 수는 있지 않나요?" 이후 그녀는 모든 남성에게 닫았던 문을 살짝 열고 중요한 한 걸음을 내디뎠다.

이외에도 종종 듣게 되는 말들이 있다.

"돈 많은 사람 중에 인성 좋은 사람 못 봤다."
"공부는 하고 싶은데 수강료가 너무 비싸요."

'돈 많은 사람 중에 좋은 사람 못 봤다'라는 신념을 가진 사람은 부자가 되기 힘들다. 나쁜 사람이 되고 싶어 하는 사람은 거의 없기 때문이다. 따라서 부자 될 기회가 왔을 때, 그의 잠재의식은 '좋은 사람이 되는 게 돈보다 더 중요해'라는 생각으로 그 기회를 피하는 행동을 취하게 만든다. 같은 논리로, '공부는 하고 싶은데 수강료가 너무 비싸다'라는 신념을 가진 사람은 배움을 미루며, 능력을 향상할 방법을 피하고, 자연스레 인생의 여러 기회를 날리게 된다. 이런 부정적 신념을 부수어야 더 나은 삶을 살 수 있다. 그럼 어떻게 해야 할까?

먼저 이 신념 뒤에 있는 긍정적 동기를 봐야 하고 다른 신념으로 그 동기를 충족시켜 줘야 한다. '돈이 많으면 인성이 좋지 않다'라는 신념을 가진 사람에게 이렇게 말해 보자.

"당신은 돈이 많은 사람에게 기대하는 바가 있나 보군요? 당신 주변에 있는 돈 많은 사람은 당신의 기준을 충족하지 못하는 것 같습니다. 만일 당신이 부자가 된다면, 그러고도 여전히 좋은 사람이라면, 그럼 돈 많은 사람 중에도 좋은 사람이 있는 것 아닐까요? 당신은 그렇게 되고 싶지 않나요?"

공부를 하고 싶지만 비싼 수업료를 걱정하는 사람에게는 이렇게 말해 보자.

"알뜰하면서도 많은 것을 배우고 싶어 하는 당신의 마음 잘 압니다. 당신은 돈을 아껴서 더 가치가 있는 곳에 쓰고 싶은 것 아닙니까? 그렇다면 이 세상에서 당신의 삶의 가치를 높이는 것보다 더 가치 있는 일이 있을까요? 운명을 바꾸는 것보다 가치 있는 일이 또 뭐가 있을까요?"

　누군가의 어떤 행위를 무조건 좋아하지 않아도 된다. 똑같이 누군가의 어떤 관점에 동의하지 않아도 된다. 하지만 만약 당신이 그의 긍정적 동기를 보려 노력한다면 그의 행동과 관점을 받아들이고 지금보다 원활하게 그와 소통할 수 있다. 여전히 100퍼센트 인정하지 않을 수도 있지만, 어느 정도의 수용은 당신의 그릇을 넓혀주고, 기분 좋게 만들어 준다. 따라서 누군가를 수용한다는 것은 다른 사람도 아닌 자기 자신을 위한 일이다.

엉뚱한 신념을 부수는
비유의 힘

중국의 위, 촉, 오 삼국 시기, 촉나라에 극심한 가뭄이 일었다. 많은 백성이 굶주리며 고통을 호소했다. 유비는 술을 담글 때 많은 곡식이 들어간다는 사실을 알고 많은 이가 굶주리는 상황에 술을 담그는 것은 큰 낭비라고 생각했다. 그래서 그는 술을 담그는 것을 전면 금지하고 적발될 시 사형이라는 명령을 내렸다. 여기서 더 나아가 유비는 이 명령이 효과를 발휘할 수 있도록 술 담그는 도구를 보관하는 것조차 금지시켰고, 어길 시 이 또한 술을 담그는 행위와 같은 죄로 취급했다. 하지만 몇몇 백성들은 멀쩡한 도구를 버리는 게 아까워 이를 몰래 숨겨 두었다가 결국 관료들에게 적발되어 사형에 처하게 되는 경우도 있었다.

본래 유비가 술 담그는 것을 금지한 건 빈곤한 백성들의 생활을 나아지게 하기 위해서였다. 하지만 결과적으로 되려 백성들을 해치는 결과를 낳고 말았다. 유비의 모사들이 그에게 충고하려 했지만 유비는 귀를 막고 반대 의견을 들으려 하지 않았다. 다행히 그중에서도 간옹이라는 모사는 지혜가 남달랐다.

하루는 유비가 자신의 모사 간옹과 함께 마을을 순시하기 위해 거리로 나섰다. 한 남녀가 그들 앞을 지나는 것을 보고 간옹은 유비에게 돌연 이렇게 말했다.

"보아하니 저 남녀는 간음을 한 듯합니다. 당장 저들을 잡아서 죄를 물어 주십시오."

간옹의 말에 유비는 어리둥절하여 물었다.

"저들이 언제 간음을 하였다고 그러느냐? 나는 어찌 보지 못하였는가?"

이에 간옹은 진지하게 말했다.

"남녀가 함께 걸어가는 것은 간음을 하기 위한 것입니다. 이는 술을 담그면 안 되는 세상에 술을 담그는 도구를 가진 것과 같은 죄입니다. 남녀가 함께 있는 자들 모두를 처벌해야 합니다."

유비는 간옹의 말을 듣고 크게 한번 웃더니, 술 제작 도구 소지 금지법을 취하했다.

간옹은 술 담그는 도구를 소지하는 것을 남녀가 함께 있는 것에 비유해서 위트 있게 유비를 틀에 박힌 관념에서 끌어내렸다. 언어의 마술에서는 이런 방법을 '비유'라고 부른다. 비슷한 사건으로 당사자의 기존 틀을 넓히고 그에게 또 다른 틀에서 기존 틀을 보게 하는 것, 그래서 기존의 틀이 얼마나 황당한 것인지를 깨닫게 하는 것, 이것이 바로 언어 기술의 매력이다.

이와 같은 성운 대사의 비유를 살펴보자.

첫 번째 이야기

신도 법사님, 살짝 무례한 질문을 하나 드려도 되겠습니까?

성운 네, 해 보세요.

신도 선생님은 혼자 있을 때도 고기를 안 드시나요?

성운 (질문을 받고 되묻는다) 선생님은 오늘 직접 차를 운전하고 오셨나요?

신도 네, 그렇습니다.

성운 운전할 때는 안전벨트를 해야 하지요. 선생님께서는 자신을 위해 안전벨트를 하시나요, 아니면 경찰을 위해 하시나요? 만일 자신을 위해 하는 거라면 경찰이 있건 없건 다 하겠지요.

신도 오, 이해했습니다!

두 번째 이야기

신도 (불만스러운 표정으로) 왜 저는 노력을 해도 원하는 것을 얻을 수 없는 걸까요? 경전을 읽고 선행을 했는데도 왜 운명은 바뀌지 않는 거죠?

성운 제가 당신에게 5만 원을 드리겠습니다, 어떤가요?

신도 선생님, 제가 어떻게 선생님께서 주시는 돈을 받겠습니까?

성운 부탁하고 싶은 것이 있어서 그렇습니다.

신도 선생님, 뭐든 말씀하세요, 최선을 다하겠습니다!

성운 이 돈으로 자동차 한 대만 사다 주세요.

신도 (놀라며) 선생님, 5만 원으로 자동차를 어떻게 삽니까?

성운 5만 원으로 자동차를 못 사는 것은 알면서, 어찌 세상 사람들은 적은 대가로 많은 것을 얻길 바라는지 모르겠습니다.

세 번째 이야기

한 여성이 끊임없이 자신의 어려움에 대해 토로했다. 성운은 그녀의 말을 끊고 말했다.

성운 참으로 고통이 많으시군요!

여성 다른 사람은 3일 밤이면 다 말할 수 있겠지만, 저는 삼 년도 모자라요!

성운 언제 겪었던 일인가요?

여성 몇 년 됐어요.

성운 그럼 이미 지나간 일 아닌가요? 왜 아직도 붙잡고 놓아 주질 않는 거죠? 한 가지 묻겠습니다. 당신의 대변에서는 냄새가 나나요?

여성 당연히 나죠!

성운 그 대변은 지금 어디 있죠?

여성 볼일 보고 바로 흘려보냈으니 지금은 없죠.

성운 왜 그건 가방에 싸서 들고 다니지 않으시나요? 왜 사람들에게 이런 악취를 맡았었다 알려 주지 않는 건가요?

여성 그건 너무 역겹잖아요.

성운 맞아요! 고난 또한 그렇습니다, 이미 지나간 일이고, 그것을 사람들에게 말하는 것은 대변을 꺼내서 보여 주는 것과 같아요. 본인은 물론 다른 사람에게도 악취를 맡게 하는 일이죠. 이해되었나요?

여성 알아들었습니다!

성운 앞으로도 지난 일을 호소하고 다닐 건가요?

여성 아니요!

성운 기억하세요, 지난 고통은 말할수록 고통스럽고, 원망할수록 더욱 잊지 못합니다.

여성 네!

이 얼마나 멋있는 말들인가. 어떤 일들은 굳이 직접적으로 대답할 필요가 없다. 그저 간단한 비유로 횡적 분류를 하면 상대방을 완전히 새로운 틀로 인도할 수 있다. 기존의 틀을 떠난 그는 기존의 곤경에서도 자연스레 빠져나오게 된다.

비유로 황당한 신념을 부순다

중국 현대 소설의 대표적 작가 전종서 선생은 다음과 같은 재미있는 일을 겪었다. 『포위된 성』이 출간된 후, 세계 각지의 독자들로부터 열광적인 지지를 받았고, 많은 이가 그의 재능을 우러러봤다. 사람들은 그에게 편지를 썼고, 심지어는 직접 만나기를 요청하는 이들도 있었다. 한번은 영국의 한 여성으로부터 전화가 걸려왔는데, 그녀는 팬이라며 한 번만 만나 달라고 끈질기게 부탁했다. 이에 전종서 선생은 어떻게 상처를 주지 않으면서 그녀의 제안을 거절했을까? 그는 이렇게 말했다.

"당신이 맛있는 달걀을 먹을 때 그 달걀을 낳은 암탉을 찾아보려 하나요?"

수화기 너머 여성은 멋쩍게 웃더니 유쾌하게 전화를 끊었고 더이상 만나 달라는 요구를 하지 않았다. 약간의 유머와 자조가 섞인 교묘한 비유는 상대방이 거절을 달갑게 받아들일 수 있도록 만든다.

만일 누군가가 "어차피 다 까먹는데 뭐 하러 책을 읽어?"라고 말한다면, 당신은 어떤 비유를 사용할 수 있을까?

"어차피 대변으로 나오는데 뭐 하러 밥을 먹나요?"

"학자가 될 게 아니면 공부를 하지 않아도 되나요?"

"운전기사가 될 게 아니면 운전면허를 따지 않아도 되나요?"

"운동선수가 될 게 아니면 운동할 필요도 없나요?"

일반 사람들의 사고방식은 대부분 귀납적 추리와 연역적 추리 범위 내에 있다. 이런 사고방식에는 자신의 사고 함정에 빠져서 나오지 못할 수 있다는 치명적 단점이 있다. 전제가 틀리면 도출된 결론 또한 전부 틀릴 수밖에 없다. 이것이 바로 사람들이 명확히 잘못된 신념을 고집할 때 벌어질 수 있는 결과다. 이럴 때 비유는 사고의 함정에서 빠져나올 수 있게 하는 최고 기술 중 하나이다.

자존감이 낮다면
상상과 현실을 구분하라

불교에서 전해 오는 이야기 중에 '입설단비立雪斷臂' 이야기는 많은 사람에게 감동을 주었다.

불교 경전을 공부하다 난관에 부딪힌 신광 스님은 가르침을 얻기 위해 천 리를 걸어 달마대사를 찾아갔다. 하지만 달마대사는 조사당 앞까지 찾아온 그를 만나주지 않았다. 때는 추운 겨울이었고 그날따라 폭설이 내려 눈이 신광 스님의 무릎까지 쌓였지만, 그는 조사당 앞에서 꿈쩍도 하지 않고 달마대사를 기다렸다. 이에 달마대사가 나와서 이런 식으로 불법을 깨닫고자 하는 것은 어리석은 일이라고 그를 꾸짖었다. 그 말을 들은 신광은 자신의 진심과 결단을 보여 주기 위해 날카로운 칼을 뽑아 자신의 왼팔을 잘라 버렸고 그

피는 눈밭을 붉게 물들였다.

이 이야기가 바로 '입설단비'이다. 배움을 얻으려는 태도가 매우 경건하고 정성스러울 때 이 표현을 쓰곤 한다. 하지만 이야기는 여기서 끝나지 않는다. 달마대사는 신광에게 물었다.

"무엇을 위해 왔는가?"

"마음을 편히 하려고 왔습니다."

그러자 달마대사가 그에게 말했다.

"그 마음을 가져오너라, 내가 편안하게 해주겠다!"

신광은 문득 자신의 마음은 보여 줄 수조차 없다는 것을 깨달았다. 달마대사는 말했다.

"꺼내 볼 수도 없는 마음 때문에 불안해할 필요가 뭐가 있는가!"

신광은 크게 깨닫고 후에 중국 선종의 제2조, 혜가대사가 되었다. 보기에 간단한 한마디가 상대방으로 하여금 관념을 내려놓고 깨달음을 얻게 했다.

이와 비슷한 이야기가 또 있다. 선종의 제4조, 도신은 열네 살이 되던 해에 제3조인 승찬을 찾아가 가르침을 청했다.

도신 제가 해탈할 수 있는 법문을 가르쳐 주십시오.

승찬 누가 자네를 묶었는가?

도신 아무도 묶지 않았습니다.

승찬 아무도 묶지 않았다면 자네는 이미 해탈한 것 아니겠는가? 어찌 또 해탈을 구하는가?

신념의 굴레에서 벗어나게 하는 현실 검증 전략

위 두 이야기에는 비슷한 구석이 있다. 당사자의 관념 그 자체를 지적하지 않고 관념의 전제 조건을 파고들었다. 불안한 마음으로 인해 마음을 편하게 하고자 하는 관념은 '마음을 가져올 수 있다'는 전제 조건하에 성립된다. 하지만 마음은 꺼내 보여 줄 수 없는 법이다. 도신의 이야기도 이와 같다. 해탈하기 위해선 속박이 되어 있다는 전제 조건이 필요하다. 승천은 바로 그 전제 조건을 파고들었다.

전제가 성립되지 않으면, 결론 또한 자연스레 성립되지 않는다. 다리가 부족한 책상은 서 있을 수 없듯이, 신념 또한 책상다리와 같은 지탱이 필요하다. 따라서 우리는 '신념의 전제 조건'을 파고들어서 신념을 파괴할 수 있다.

이와 같은 방법을 '현실 검증 전략'이라고 부른다. 그렇게 부르는 이유는 우리의 뇌가 진실이라고 생각하는 건 사실 뇌의 상상에 불과한 경우가 많기 때문이다. 예를 들어, 어른들은 아이들이 거짓말을 한다고 혼내곤 한다. '하지도 않은 일을 했다고 말했다'는 이유다. 사실 아이들은 거짓말을 하는 것이 아니다. 그서 실제 경험한 일과 상상 속에서 한 일을 잘 구분하지 못할 뿐이다.

성인들도 이와 비슷한 일을 종종 겪는다. 나는 분명 상대방에게 말했다고 알고 있는데 상대방은 전혀 모른다고 해서 그와 얼굴까지 붉히는 경우가 있지 않은가? 한 명은 얘기했다고 하고, 한 명은 전혀 듣지 못했다고 확신하는 이 상황, 도대체 누가 잘못 알고 있는 것일까?

심리학자들의 연구 결과, 말했다고 기억하는 사람이 상상 속에서 말한 것을 사실로 착각하는 경우가 많은 것으로 밝혀졌다. 현실에서는 입도 벙끗한 적 없는데 말이다.

현실 검증 전략은 질문을 통해 신념의 성립 조건을 파고들어서 신념과 사실을 구분하게 도와주는 방법이다. 간단히 '상상'과 '현실'을 구분하는 전략이라고 기억하면 좋겠다. 예를 들어 몇몇 자존감이 낮은 사람들은 다음과 같이 자가 최면을 걸곤 한다.

"사람들은 날 싫어해, 나는 환영 받지 못하는 사람이야."

이런 말의 굴레에서 벗어나게 하기 위해서는 이 말의 성립 조건을 파고들면 된다. 다시 말해, 그가 현실 속 어떤 것을 근거로 이러한 결론을 내렸는지를 찾아내기만 하면 이 최면을 풀 수 있다. 이렇게 물어보자.

"그게 진짜인지 어떻게 알 수 있나요?"

"무슨 증거가 있나요?"

"어떤 것을 보고 듣고 느꼈길래 그렇게 생각하게 되었나요?"

"자세히 말해주세요, 어떻게 알게 되었나요?"

물론 이는 현실 검증 전략의 간단한 응용에 불과하다. 현실 검증 전략은 매우 지혜로운 어법으로, 이 밖에 수많은 고급 응용이 남아 있다. 심리 치료 분야에 전형적인 예시가 있다.

많은 재산을 소유하고 활기찬 나날을 보내던 한 여성이 있었다. 하지만 안타깝게도 중년이 된 그녀는 유방암에다 우울증까지 얻게 되었다. 심리치료 또한 얼마 동안 받았지만 호전되지 않았다.

어느 날, 그녀는 집 안에서 반지를 잃어버렸고, 자신의 가족 중 누군가 반지를 훔쳐 갔다고 의심했다. 하지만 증거가 충분하지 않았고, 이로 인해 그녀의 속은 점점 더 곪아 갔다. 그녀는 이 일로 인해 다시 한번 심리상담사를 찾아가 자신의 심경을 토로했다.

이야기를 들은 상담사는 아주 지혜롭게 그녀에게 물었다.

"당신의 소중한 인생을 반지를 찾는 것에 허비할 필요가 있나요?"

이 질문은 그녀를 깨우치기에 충분했다.

"맞아요, 지에게는 다른 많은 재산이 있는데, 굳이 반지 하나로 인해 골머리 앓을 필요는 없죠!"

그 이후로 그녀의 심경은 완전히 변화되었고 몸도 건강을 되찾았다. 후에 반지 또한 거실 소파 사이에서 찾을 수 있었다.

『금강경』에는 이런 구절이 있다.

"응무소주, 이생기심應無所住 而生其心"

세상 모든 일은 우리가 집착하지 않고 그것을 마음속에 썩히지만 않는다면, 우리에게 피해를 주지 않는다.

이게 바로 위 사례 속 여성이 마음을 비운 뒤 건강까지 찾을 수 있었던 이유이다.

사람이 어떤 한 신념에 집착하는 것은 우리 마음속에 이 관념이 뿌리내릴 수 있는 땅이 있기 때문이다. 우리가 이 토양을 갈아엎으면 관념이 뿌리내릴 공간 또한 사라진다. '현실 검증 전략'은 신념을 직접적으로 평가하지 않고, 신념의 성립 조건을 깊숙이 파헤친다.

신념이 뿌리내릴 토양이 존재하지 않으면 관념은 그 어디에도 정착하지 못할 것이다.

'검은 백조'와
'하얀 까마귀'의 진실

오스트레일리아 대륙이 발견되기 전, 유럽 사람들은 백조는 모두 하얗다고 인식했다. 하지만 오스트레일리아 대륙이 발견되고 그곳에 검은 백조가 있다는 사실이 알려지면서 '백조는 하얗다'는 신념이 무너졌다. 경제학자들은 '검은 백조'를 경제학 용어로 사용하기 시작했다. '검은 백조'란 '도저히 일어날 것 같지 않은 일이 일어나서 모든 것을 뒤집어 놓는 것'을 말한다.

'반대 사례'가 바로 검은 백조와 같다. 한 번의 예외는 원래의 인식을 뒤집기에 충분하다.

"세상 모든 까마귀는 검은색이야."

예를 들어 누군가 이렇게 말한다면, 당신은 이렇게 대답할 수 있다.

"진짜로? 내가 알기론 흰색 까마귀도 있던데? 전에 강원도 정선에서 흰 까마귀가 발견되어 뉴스에도 나왔더라고!"

이처럼 예외인 예시를 찾아서 신념의 일반화 어법에 도전하는 것을 '반대 사례'라고 한다. 메타언어 모델에서 얘기했듯, 인간은 하나로 전체를 판단하는 사고 습관이 있다.

"뱀에 놀란 놈 새끼줄만 봐도 놀란다."

사람의 사고 회로는 한 번 일어난 일을 일반화시키곤 한다. 그리고 이런 사고방식을 통해 여러 가지 구속성 신념이 생긴다. 예를 들면 다음과 같다.

"남자는 다 쓰레기야!"

"돈이 많으면 사람을 무시하는 경향이 있어."

"사람들은 다 날 싫어해."

이런 관념을 부수는 방법은 매우 간단하다. 예외인 예시를 찾기만 하면 된다. 따라서 당신은 다음과 같이 이 신념들에 도전할 수 있다.

"과연 그럴까요? 조지 클루니 같은 남성은 인성이 좋기로 소문나지 않았나요?"

"빌 게이츠는 재산의 대부분을 자선 사업에 쓰며 어려운 사람들을 돕는데, 당신은 그도 사람을 무시하는 경향이 있다고 생각하시나요?"

"사람들이 모두 당신을 싫어한다고요? 저는 당신을 좋아하는걸요, 저는 사람이 아닌가요?"

이를 두고 "한마디로 급소를 찌른다."라고 말한다. 한 번의 예외는 구속성 신념을 완저히 뒤집을 수 있다. 이것이 바로 '반대 사례'의 위력이다.

더 중요한 가치로
줄 세우기

한번은 강의 마지막 활동으로 '미래를 위해 한 가지 목표 세우기'를 하기로 했다.

한 명씩 자신의 목표를 나누던 중 한 학생의 목표가 모든 수강생을 놀라게 했다. 그의 목표는 '마흔 살까지 사는 것'이었다. 마흔 살까지 사는 게 목표라니, 그에게 무슨 일이 있었던 걸까?

알고 보니, 농촌에서 태어난 그는 자신의 가족을 위해 어린 나이 때부터 도시에 나와 일을 해야 했다. 막노동부터 시작해 나중에는 꽤나 규모가 있는 건설회사를 설립했다. 그 과정에서 계약을 따내고 영업을 하기 위해 그는 고객들과 거의 매일 술을 마셨고, 결국 간이 고장 나고 말았다. 서른한 살에 간 이식 수술을 받은 그에게,

의사는 앞으로 5년 정도밖에 더 살지 못할 것이라고 말했다. 그래서 그는 의사가 이야기한 수명보다 몇 년 더 살아서 마흔 살까지 사는 것이 목표라고 말한 것이었다.

강의가 모두 끝나고 난 뒤, 그 젊은 사업가는 나를 저녁 식사에 초대했다. 전에도 여러 회원으로부터 초대를 받았지만 모두 거절했는데 이번만큼은 거절할 수가 없었다. 또 만날 기회가 없을지도 모른다는 생각이 들었기 때문이다.

그는 식탁을 가득 채울 만큼 많은 음식을 차렸다. 하지만 정작 자신은 한 입도 먹지 않았다. 수술 후, 의사가 짜 준 식단으로만 먹어야 했기 때문이다. 그 자리에는 그의 아내와 두 자녀가 함께 있었는데 큰 애는 대여섯 살 정도 돼 보였고 작은 아이는 엄마의 품 안에 안겨 있었다. 젊고 아름다운 아내와 어린 두 아이를 보면서 그들이 얼마 못 가 가정의 기둥을 잃을 수도 있다고 생각하니 마음이 너무 아렸다. 내 생애 가장 괴로웠던 식사였다.

식사 자리에서 그 젊은 사업가는 내게 말했다.

"만일 제가 조금만 일찍 선생님의 수업을 들었더라면, 아마 지금과 같은 상황은 없었을 겁니다. 예전에는 열심히 일하는 것이야말로 가족들을 행복하게 하는 최고의 방법이라고 생각했습니다. 오늘에서야 제가 틀렸다는 것을 알았습니다. 제 몸 하나도 제대로 돌보지 못한 것, 가족들에게 가장 미안한 일입니다. 하지만 지금 와서 후회한들 너무 늦었죠."

"당신에게 가장 중요한 가치는 무엇인가?"

창업하는 사람 중 많은 이들이 다음과 같은 순박한 신념을 가지고 있다.

"나의 노력으로 가족들을 더 행복하게 하자."

그렇게 온갖 노력을 통해 돈은 많이 벌었지만, 처음에 생각했던 아름다운 생활과는 거리가 먼 경우가 많다. 일하느라 바빠 배우자와 보내는 시간, 아이들과 함께하는 시간이 거의 없었기 때문이다. 심지어는 자녀가 어떻게 자랐는지 모르는 경우도 많다. 많은 이들이 마치 일하는 기계의 한 부품처럼 삶은 없고 일만 하며 살아간다. 그들은 밤이 깊었을 무렵 홀로 생각한다.

'이게 진정 내가 원하던 삶인가?'

어째서 이렇게 되는 것일까? 인간은 종종 생존과 스트레스 앞에서 몇몇 더 중요한 가치들, 예를 들어 건강, 가정, 사랑 등을 생략해 버리곤 한다. 이런 가치의 혼란 때문에 많은 이들은 인생의 여정에서 방향을 잃는다. 그렇다면 어떻게 해야 할까? 방향을 잃은 이들에게 그들이 놓쳤던 중요한 가치를 보여 주는 것이 가장 간단한 방법이다.

나는 수업 시간에 다음과 같은 질문을 자주 한다.

"지금 이 순간 당신에게 가장 중요한 것은 무엇입니까?"

사람들의 대답은 대부분 돈, 사업, 배우자, 가정, 건강 등이다. 사람마다 무엇을 중요하게 생각하는지는 서로 다르다. 이처럼 가치에 대한 서로 다른 관념을 우리는 '가치관'이라고 부른다. 가치관은 우리 인생의 원동력이고, 한 사람을 격려 혹은 설득하는 기초가 된다.

자신의 가치관과 부합하는 일을 하는 사람은 만족감을 느끼고 기분이 좋을 것이며 동력이 넘친다. 이와 반대로, 자신의 가치관과 맞지 않는 일을 하는 사람은 좌절과 무력감을 느낀다. 이게 바로 많은 성공한 사람들이 즐거워 보이지 않는 이유다. 그가 지금 하는 일이 자기 내면의 가치관과 어긋나기 때문이다.

그렇다면 우리의 행위가 가치관과 어긋나는 이유는 무엇일까? 앞서 언급했던 질문을 다시 한번 살펴보자.

당신에게 가장 중요한 것은 무엇인가? 중요도에 따라 순서대로 적어 보자. 순서대로 적은 뒤 내가 말하는 대로 한번 따라 해 보자.

"당신의 생명이 석 달밖에 남지 않았다면, 당신에게 가장 중요한 것은 무엇인가? 다시 한번 순서대로 정리해 보자."

어떤가? 순서가 바뀌었는가? 순서를 바꾼 사람들이 많을 것이다.

왜 그럴까? 시간이라는 틀이 없는 상황에서 대부분은 습관적으로 자신의 시간이 무한하다고 여기기 때문이다. 그렇기에 소위 미래를 위해 어리석게 매 순간을 희생시킨다. 하지만 현실에서의 시간은 반드시 한계가 있다. 오늘 하루하루가 모여 미래가 된다. 만일 오늘 하루를 보내고 나서 기분이 좋지 않다면, 자신의 가치관과 엇나가는 하루를 보냈다는 말이다. 이런 현실에서 어떻게 미래를 기대할 수 있겠는가.

그렇다면 제일 중요한 것은 대체 무엇일까? 물론 사람마다 다른 답이 있다. 하지만 인생을 행복하게 보내는 것은 매우 중요한 일이라는 말에는 절대다수가 동의할 것이다. 그럼 행복은 무엇과 연관 있을까?

돈? 그렇지만 돈이 많아도 행복하지 않은 사람이 많은 이유는 뭘까? 또 돈은 풍족하지 않지만 행복한 나날을 보내는 사람도 많다.

권력? 몇몇 권위가 높은 사람들은 매일 불안해하며 버티기 힘들어하던데, 왜 그런 것일까? 또 아무런 직급 없이도 만족해하며 살아가는 몇몇 예술가도 있지 않은가?

건강? 이것도 아닌 듯하다. 건강하더라도 행복하지 않은 사람들이 많지 않은가?

1938년 하버드 대학은 한 연구를 진행했다. '건강과 즐거움을 유지하게 하는 것은 무엇인가?'에 대한 답을 찾기 위해 75년에 걸쳐 남성 724명의 일생을 추적하며 그들의 일, 가정, 건강 상태, 삶의 방향 등을 관찰했다. 75년 뒤 연구자들은 이렇게 결론을 내렸다.

> "우리 인생의 행복을 결정짓는 것은 돈도 아니고, 명예나 일도 아닌 원만한 인간관계다."

다시 말해, 행복은 사람과 사람 사이의 상호작용에서 온다. 가족 구성원, 친구 그리고 이웃과의 평화롭고 온화한 관계가 우리를 더욱 행복하고 즐겁게 해준다. 반대로 하루하루 관계가 좋지 않은 사람과 보내는 사람은 아무리 돈이 많고 사업이 성공해도 행복하지 않다. 당연히 돈, 사업, 건강, 권력, 학문 등 이들 모두 행복에 영향을 미치는 요소이다. 하지만 생명, 시간, 관계, 가족, 자녀, 사랑 등 평소에 잊고 사는 가치 또한 똑같이 혹은 더 중요하다.

내가 가진 신념의 재평가

시간 관리에는 한 가지 원칙이 있다.
"중요하지만 급하지 않은 일부터 하라."
중요한 일을 하지 않으면 우리의 인생은 긴급한 일들로 가득 차기 때문이다.

예를 들어 화재 예방은 중요한 일이고, 불을 끄는 것은 긴급한 일이다. 화재를 예방하지 않으면, 우리는 불을 끄기 바빠진다. 운동하는 것은 중요한 일이다. 병을 치료하는 일은 긴급한 일이다. 운동하며 건강을 유지하지 않으면 우리는 병에 걸리게 되고, 급하게 병을 고치는 상황이 생긴다. 공부는 중요한 일이고 문제를 해결하는 것은 긴급한 일이다. 평소에 공부하지 않아 능력이 부족하면, 일할 때 해결해야 할 문제가 많아진다. 하지만 열심히 공부한 사람은 자신의 일을 처리하기에 충분한 능력이 있어 어떤 문제가 생기든 대처할 수 있다. 만일 당신이 돌발 상황이 발생했을 때 허비하는 시간이 많다면, 그것은 능력이 부족하다는 뜻이고 공부를 통해 자신을 향상할 때가 왔다는 뜻이다. 이해가 되었다면, 다음 방법들로 몇몇 관념을 부숴 보자.

첫 번째 관념 "운동할 시간이 없어요."
"건강이 중요한가요, 아니면 지금 하고 있는 그 사소한 일이 중요한가요?"

두 번째 관념 "공부할 시간이 없어요."
"가족의 운명을 바꾸는 것보다 더 중요한 일이 있나요?"

세 번째 관념 "가족들과 보낼 시간이 없어요."

"가족의 웃음보다 더 귀한 것이 이 세상에 있을까요?"

이처럼 더 중요한 가치 기준으로 자신이 가진 신념을 새롭게 평가하는 방법을 언어의 마술에서 '기준의 단계'라고 부른다. 즉, 생존과 스트레스 앞에서 사람들이 종종 까먹는, 더 중요한 가치들을 꺼내서 당사자에게 선택하게 만드는 것이다. 예를 들어 건강, 가정, 사랑과 같은 것들이다. 이와 비슷한 질문들로는 다음과 같다.

"관계가 중요한가요, 이익이 중요한가요?"

"돈이 중요한가요, 건강이 중요한가요?"

"크게 만드는 것이 중요한가요, 튼튼하게 만드는 것이 중요한가요?"

"일이 중요한가요, 가족이 중요한가요?"

"사업이 중요한가요, 친구가 중요한가요?"

"도리가 중요한가요, 효과가 중요한가요?"

대부분 사람은 '환경', '행위' 그리고 '능력'. 이 세 가지 기초 단계 밖에 보지 못한다. 우리는 질문을 통해 '신념', '정체성' 그리고 '영성'의 단계를 보게 할 수 있다.

"이 일을 하려는 이유가 뭔가요?"

"그렇게 했을 때, 당신은 어떤 사람이 되나요? 타인이 당신을 어떻게 봤으면 좋은가요?"

"당신은 누구를 위해 그 일을 하나요? 당신이 한 일이 가족(혹은 나라, 세계)에 어떤 영향을 미칠지 알고 있나요?"

이처럼 당사자가 더 높은 단계에서 사고하게 만드는 방법이 바로 기준의 단계다.

논리의 구멍을 찾아내
반격하라

중국 후한 말기 학자였던 공융孔融은 어렸을 적 효심뿐만 아니라 총명함으로도 유명했다. 열 살이 되던 해, 공융은 유명한 선비들의 모임에서 특유의 총명함으로 자리에 있는 사람들을 놀라게 한 적이 있었다. 그 자리에 있던 사람 중 단 한 사람만 빼고 모두가 그를 칭찬했다.

그 한 사람은 태중대부太中大夫 진위陳韙였는데, 그는 이렇게 말했다.

"어렸을 때 총명한 아이 치고 커서 대성한 사람은 별로 없소."

이 말을 들은 공융은 다음과 같이 맞받아쳤다.

"선생님께선 어렸을 때 매우 총명하셨겠습니다."

이 한마디에 진위는 말문이 턱 막혔다. 이 이야기에서 공융은 상대방의 논리를 빌려 그의 관점을 뒤집었다. 이렇게 신념이 정의한 논리, 또는 신념이 내세운 기준을 근거로 그 신념을 새롭게 평가하는 방법이 바로 '반격'이다.

'반격'이란 상대방의 논리에 따라 그의 신념을 부수는 것이다. 이 기술은 상대방이 궤변을 늘어놓거나 생떼를 부릴 때 유용하다. 그의 신념은 틈이 없어 보이지만 사실 잘못된 논리를 내포하고 있을 때가 많다. 이때 우리는 그와 논쟁할 필요가 없다. 그저 진지하게 경청하다가 그가 말한 논리의 구멍을 찾아내 반격만 하면 된다.

한번은 강의 시간에 어느 학생이 나에게 이렇게 말했다. 당시 나는 반격을 사용해서 그의 신념을 부쉈다.

학생 저는 자신감이 없어요, 어떡하죠?

나 진짜 자신이 없나요?

학생 진짜로요, 저는 정말 자신이 없어요.

나 자신이 없다는 것에는 자신 있어 보이는데요!

학생 그런가요? 저도 자신 있는 일이 있네요.

미국 전 대통령 루스벨트는 매우 똑똑한 사람이었다. 한번은 그의 친구가 루스벨트에게 카리브해에 해군 기지를 짓는 계획에 관해

226

물었다.

"기지를 짓는다는 소문이 사실인가?"

이 일은 군사 기밀이었기에 아무리 친한 친구라도 알려 줄 수가 없었다. 하지만 딱 잘라 거절하면 친구의 마음을 상하게 할 것 같았던 루스벨트는 주위를 쓱 둘러보더니 목소리를 낮춰 친구에게 물었다.

"비밀을 지킬 자신이 있는가?"

"그럼, 당연하지!"

"나도 그렇다네!"

루스벨트는 웃으며 말했다. 친구는 멋쩍게 한번 웃더니 다시는 이 일에 관해 얘기하지 않았다. 이번 챕터를 시작할 때 나는 언어의 마술은 다이아몬드를 가공하는 것과 같다고 비유한 적이 있다. 이 비유는 '반격'에 가장 알맞다.

"당신은 정말 예의가 없군요."

우리는 종종 사람이 많은 곳, 예를 들어 전철, 도서관, 카페 같은 곳에서 누군가 다른 사람을 나무라는 광경을 보곤 한다. 그렇지만 사람들 앞에서 누군가를 예의 없다고 나무라는 건 예의가 있는 행위일까? 아니다. 이 논리를 잡으면 우리는 강력하게 그에게 반격할 수 있다. 거울을 들어서 그에게 자신의 논리를 보게 하면 그는 자신이 얼마나 황당한 논리를 펼쳤는지 깨닫는다. 이와 비슷한 논리 몇 가지를 더 살펴보자.

"큰소리로 남에게 조용히 하라고 하는 사람, 본인이 가장 시끄러운 것 아닌가?"

"끊임없이 남에게 포용을 요구하는 사람, 본인은 지금 포용하고 있는가?"

"남에게 내려놓기를 강요하는 사람, 정작 자신은 꽉 붙잡고 있지 않은가?"

"집착하지 않으려는 사람은 오히려 그것에 집착하는 것 아닌가?"

우리가 스스로 확실하다고 여기는 것이 사실은 확실하지 않을 수도 있다. 다양한 각도에서 바라볼 줄 안다면, 대부분의 관념은 사라진다.

실패가 두렵다면
틀의 규모를 키워라

2020년 코로나19가 전 세계를 강타했고, 심리 업계도 이례적으로 큰 타격을 입었다. '이신리'(중국 심리상담 서비스 기업)에서 진행한 업계 조사의 결과에 따르면, 상담사 중 63퍼센트의 소득이 대폭 감소했으며, 심리 교육 쪽 기업들은 거의 아무 수익이 없었다. 나 또한 많은 심리 업계 종사자들과 얘기를 나눠 본 결과, 절대다수가 어려움에 빠져 있다는 것을 알 수 있었다.

2020년 한 해는 비관적인 시선이 팽배했다. 딱 한 사람 '이신리'의 대표 황웨이창을 제외하고 말이다. 그는 나에게 이렇게 말했다.

"사람들이 어렵다고 느끼는 것은 그들이 오직 자신과 회사의 입장에서만 문제를 바라보기 때문이에요. 하지만 저는 심리 업계 전체의 관점에서 현 상황을 바라봤어요. 코로나19는 많은 이의 마음을 피폐하게 했어요. 그래서 그들은 심리상담을 더 원할 것입니다. 고객들을 만족시킬 수 있는, 그들이 원하는 서비스를 제공할 수만 있다면 우리 또한 이 상황을 이겨낼 수 있지 않겠습니까?"

이 말을 듣고 나는 고대의 한 이야기가 떠올랐다. 춘추전국시대, 초나라의 왕 초공왕은 사냥하기를 좋아했다. 한번은 그가 사냥감을 추격하다가 자신이 아끼던 활을 잃어버리고 말았다. 신하들은 벌벌 떨며 왔던 길을 되돌아가 활을 찾아오겠다고 했다. 그러자 초공왕은 웃으며 말했다.

"어차피 초나라 백성이 줍게 될 터인데, 굳이 찾을 필요가 있겠는가?"

같은 일이라도 어떤 사람은 문제라고 생각하는 반면, 또 어떤 사람은 이를 기회라고 생각한다. 그 차이는 어디에 있을까?

위 두 사례에서 볼 수 있듯, 차이는 문제를 바라보는 틀에 있다. 다시 말해 우리가 주로 말하는 '시야'가 그 차이다. 황웨이창 대표처럼 개인 혹은 자신의 회사 입장에서 봤을 때는 어려움일 수 있으나, 업계 전체적인 각도에서 봤을 때는 어려움도 기회가 될 수 있다.

생각의 틀을 바꾸면 인생이 바뀐다

아무리 큰 빵도 그 빵을 구워낸 오븐보다 클 수는 없다. 한 사람이 가진 생각의 틀은 이 오븐과 같으며, 그의 사업은 그 오븐 속 빵과 같다. 오븐이 작으면, 빵을 아무리 크게 구우려 해도 한계가 있는 법이다. 이 법칙은 사람뿐만 아니라 한 나라에도 똑같이 적용된다.

청나라 중·후기 때, 한 통치자는 나라를 굳게 닫고, 빠르게 발전하고 있는 서양을 완전히 외면하고 있었다. 서양에서 온 사신이 증기선에 관해 얘기하자, 청나라 정부는 관심을 보이기는커녕 "그 배를 끌려면 소가 몇 마리나 필요합니까?"라며 오히려 비웃었다.

시간이 흘러 이홍장이 사람들의 거센 반대에도 불구하고 철도를 건설한 다음 서태후에게 보여 줬다. 당시 서태후는 기관차가 검은 연기를 내뿜으며 너무 시끄럽게 움직인다는 이유로 기관차를 떼버리고 내시들이나 말이 기차를 끌게 했다. '말이 *끄는* 기차' 웃기지 않은가? 이렇게 어처구니없는 생각을 하게 된 것은 서태후의 생각이 계속해서 원래의, 그 제한된 세계 속에 멈춰 있었기 때문이다.

이처럼 작은 오븐에서 어떻게 큰 빵이 만들어지겠는가? 결국 청나라는 외세 열강에 끌려다니다가 빠른 변화에 적응치 못해 멸망하고 말았다. 이러한 역사를 생각하기만 하면 나는 탄식하지 않을 수가 없다.

　더 큰 빵을 굽기 위해서는 우선 더 큰 오븐을 준비해야 한다. 중국 문화학자 여추우余秋雨의 말처럼 말이다.

> "사람의 그릇이 크면, 생활 중 자질구레한 것들 속에서 나뒹굴 일이 없다."

　'틀의 규모 바꾸기'가 바로 그런 언어 기술이다. 이는 질문을 통해 상대가 더 긴 시간 선상에서, 더 많은 사람의 입장에서, 더 높은 곳에서, 더 넓은 시야를 가지고 새롭게 신념을 평가할 수 있게 한다. 어떤 고정된 관념을 갖고 있을 때 그 틀을 깨기 위해 우리는 조금은 떨어진 곳에서 그 관념을 평가해 볼 필요가 있다.

관념 하나 암에 걸리면 죽을 수밖에 없어.
위치 감지법 모든 사람이 당신처럼 생각한다면, 정말 치료법을 찾을 수 없을 겁니다.

관념 둘 나는 정말 쓸모없어.
시간의 틀 넓히기 10년 후의 당신은 지금 이 말을 어떻게 생각할까요?

관념 셋 코로나19로 기업 경영이 어려워.

사고의 높이 올리기 그렇게 생각하면 당신은 어떤 사람이 되나요? 새로운 역사를 쓰는 사람들은 오늘날 이 전염병을 어떻게 생각할까요?

틀의 크기를 바꾸는 언어 기술을 이용하여 우리는 시간, 위치, 범위 그리고 사고의 높이 등을 바꿀 수 있다. 그렇게 기존의 틀이 넓혀지면 기존의 제한은 더 이상 발목을 붙잡지 않는다. 만약 당시 서태후가 세상을 둘러보며 서양의 산업혁명과 과학 기술의 발전을 보았다면, 과연 말로 기차를 끄는 어처구니없는 행동을 하게 했을까?

사람이 곤경에 빠지는 것의 근본적인 원인은 사고의 제한이다. 사고의 제한은 크게 세 가지 차원에서 넓힐 수 있다.

시간 타임라인

공간 위치 감지법

사고의 높이 의식 레벨

당신이 이 세 가지 차원으로 이루어진 공간에서 끊임없이 조합할 수 있다면 구속성 신념은 연기처럼 사라진다. 따라서 시간의 틀만 바꿀 수 있다면 기존의 문제는 더 이상 문제가 아니다. 공간이나 사고의 높이도 이와 같다.

틀의 규모를 바꾸면 인생도 바꿀 수 있다. 바둑을 좀 둬 본 사람이라면 충분히 느껴 봤을 것이다. 나는 대학생이 되고 나서 처음 바둑을 배웠는데, 시작하고 얼마 동안은 승리를 맛본 적이 한 번도 없었다. 나중에 한 바둑 고수 친구가 던진 말 한마디로 나는 깨달았다.

"그 한순간에만 이기려고 해 봤자 소용없어. 전체를 봐야지."

그때 이후로, 나는 큰 그림에서부터 출발해 사소한 이득은 포기하기 시작했다. 그러자 승리하는 횟수가 점점 늘어났다.

심리학 연구 결과, 실패를 무서워하는 것은 인간의 본능이라는 사실이 밝혀졌다. 아주 작은 실패라도 용납할 수 없는 게 바로 인간의 본능이다. 사람들은 실패를 피하기 위해 모든 힘을 아주 작은 곳에 쏟아붓고 그 한순간의 경쟁에서 승리하려고 사력을 다한다. 하지만 그렇게 승리를 얻었다 할지라도 전체적인 국면에서는 패배할 수 있다. 또 어떤 사람들은 실패를 피하려고 아예 행동 자체를 포기한다. 시도하지 않으면 실패가 없다고 생각하기 때문이다. 그 결과는 더 큰 실패일 것이 분명하다.

실패가 두려워 시도조차 못하고 있다면 틀의 규모를 바꾸는 방법을 터득하면 된다. 그리고 사소한 실패는 전체적 국면에서의 승리를 위한 한 발짝이자 하나의 과정이라는 것을 알게 된다. 그래야만 도전을 두려워하지 않고 인생에서 더 큰 승리를 얻을 수 있다.

통념을 깨기 위한
'틀 뛰어넘기'

나는 앞서 틀의 규모를 바꾸고 넓힘으로써 시야를 넓힐 수 있고, 우리의 세계도 따라서 넓어진다고 이야기했다. 하지만 아무리 틀을 넓힌다고 해도, 결국 틀 안에 있다는 사실은 변하지 않는다. 이번에 우리가 배울 방법은 틀의 크고 작음을 바꾸는 것이 아니라 곧장 틀을 벗어나는 방법, 바로 '틀 뛰어넘기'다.

'틀'이란 내 생각의 굴레에 숨겨진 제한을 뜻한다. 틀은 세상에 대한 우리의 인식을 제한하고 인생의 선택지를 줄인다. 이런 틀을 또 다른 말로 '구속성 신념'이라고 부른다. '틀 뛰어넘기'는 기존의 틀을 넘어 틀 밖에 서서, 그보다 높은 위치에서 틀을 바라보는 것이며, 이로써 틀의 속박에서 벗어나게 하는 언어 기술이다.

'囚[가둘 수]' 이 한자는 틀 속에 갇힌 사람의 모습을 정확히 표현한다. 앞 장에서 '틀의 규모 바꾸기'는 이 틀을 좀 더 넓게 만들어 사람을 좀 더 편안하게 만들어 준다. 반면에 '틀 뛰어넘기'는 사람이 아예 틀 밖으로 나오게 만드는 방법이다.

우리가 종종 어떤 틀 안에 빠지는 이유는 무엇일까? 이를 위해서는 먼저 '합리화'라는 개념부터 살펴볼 필요가 있다. 소위 합리화는 사실 일종의 자기기만이다. 자신을 속이는 사람은 본인이 거짓말을 하고 있다는 사실을 알지 못한다. 심리학 연구 결과, 사람은 늘 자신이 맞다는 것을 증명하고 싶어 한다. 자신이 세운 계획 또는 목표가 환경의 변화로 인해 무산되거나 잘못되었을 때 사람들은 자신이 옳다는 것을 증명할 수 있는 이유를 찾고, 그것으로 마음의 위로를 얻으며 그로 인해 현실을 직시하지 못한다.

합리화는 심리 방어기제의 일종으로, 사람들은 무의식중에 자신의 행위에 대한 근거를 찾아 합리적인 해석을 하고, 자신의 잘못을 숨김으로써 마음의 짐과 고통을 덜어내어 자존심에 금이 가는 것을 방지한다. 합리화는 보통 다음 세 가지가 있다.

(1) 신 포도

이 기제는 『이솝 우화』의 한 이야기에서 파생되었다. 여우는 자신이 먹지 못하는 포도를 '신 포도'라고 여겼다. 인간도 이와 같다. 자신이 추구하던 목표를 본인의 능력 부족으로 인해 달성하지 못하면, 그 목표를 별것 아닌 것으로, 필요 없는 것으로 생각해 자신의 능력 부족과 실패를 합리화한다.

(2) 달콤한 레몬

포도를 먹지 못한 여우는 배가 너무 고픈 나머지 시디신 레몬을 따서 허기를 달래며 이렇게 말한다. "음~ 달콤해!" 사람들도 이 여우와 같다. 더 좋은 것을 얻지 못했을 때 마음속에서는 또 다른 방어기제가 발동된다. 자신이 가진 것, 혹은 선택한 것이 가장 좋다고 생각하며 자신과 다른 사람을 설득하려 하고, 어떻게든 그것의 아름다운 면을 강조하여 내면의 실망과 고통을 감추려고 한다. 이런 방어기제는 삶의 발전을 가로막는다.

(3) 책임 전가

자신의 약점 혹은 실패에 대한 책임을 다른 사람 혹은 환경에 전가하여 마음의 평화를 찾는 것을 말한다.

사실 합리화는 단순히 거짓말을 하는 것이라고 생각하면 이해하기 쉽다. 하지만 이 거짓말은 남을 속이는 것이 아니라, 자신을 속이는 것이다. 자신을 기만하기 가장 좋은 환경이 바로 틀이다. 그래서 사람들은 이 틀 안에 머물러 있으려 한다.

자신을 속이지 않는 법

합리화로 자신을 속이지 않으려면 어떻게 해야 할까? '합리화'에서 '이성理性'으로 넘어와야 한다. 이성이란 뭘까? 이성과 감성은 대척점에 있다. 이성이란 사건이 발전한 규칙과 자연 진화의 원칙을 따라 문제를 생각하는 것을 말한다. 이성적인 사고를 통해 사람들은 사건을 충동적으로 처리하지 않으며, 감정에 따라 행동하지 않는다. 냉정하게 그리고 전면적으로 현실을 직시하고 이해한다. 다양한 방법으로 상황을 분석하고, 그중 가장 좋은 방법을 선택해서 행동한다.

프랑스의 철학자이자 수학자인 데카르트^{Rene Descartes}는 대표적인 이성적 인물이며, 이원론자이자 이성주의자였다. 그가 발명한 데카르트 좌표는 오늘날까지 많은 곳에서 쓰이고 있다. 데카르트 좌표란 무엇일까?

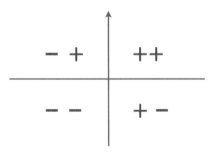

"우리 인생이 이 좌표와 무슨 상관이 있다고 그래?"라고 말할 수도 있겠다. 천천히 한번 살펴보자.

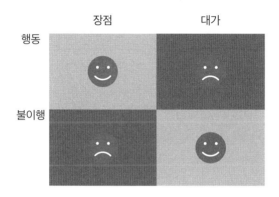

어떤 일을 하느냐 마느냐에는 반드시 그 장점과 대가가 있기 마련이다. 예를 들어 결혼 생활에서 문제에 부딪힌 친구가 다음과 같은 상담을 했다고 생각해 보자.

"이혼을 해야 할까?"

이때 당신은 어떻게 대답할 것인가?

"이혼해!", "이혼하지 마!", 이 둘 중에서 답을 고른다면, 그리고 이유를 찾아 자신의 의견을 증명하려 한다면 이것이 바로 합리화이며, 일종의 이성적이지 못한 답변이다. 데카르트 좌표를 보면 알 수 있듯, 당신은 사분면 중 하나밖에 보지 못했다. '장님 코끼리 만지기' 속 장님처럼 당신의 인지는 좁고 단면적이다.

그렇다면 이성주의자는 이 문제에 어떻게 대답할까? 그는 다음 네 가지 질문을 던질 것이다.

1. 이혼하면, 무슨 장점이 있어?

2. 이혼하면, 무슨 대가가 따르지?

3. 이혼을 안 하면, 무슨 장점이 있어?

4. 이혼을 안 하면, 무슨 대가가 따르지?

이 네 가지 질문을 한 뒤에 이렇게 물어본다.
"이혼할래, 안 할래?"

소설가 로맹 롤랑Romain Rolland은 말했다.

"나는 힘으로 승리한 사람을 영웅이라 부르지 않는다. 오직 마음을 사로잡은 사람만을 영웅이라 부른다. 마음은 단순 감수성의 영역이 아니다."

이성주의자가 바로 그가 말한 영웅이다. 앞서 든 예시에서 볼 수 있듯, 이성적 사고는 합리화보다 훨씬 더 많은 것을 볼 수 있게 해준다. 하지만 이것만으로는 부족하다. 데카르트 좌표에는 사분면이 있지만, 이는 여전히 평면적이고 이차원이다. 이차원 세계에선 아무리 넓게 펼쳐 봤자 한계가 있다. 땅을 예로 들어보자. 당신이 아무리 많은 땅을 사들여서 자신의 영토로 만들었다 한들, 당신은 이 지구 하나밖에 가지지 못한다. 하지만 위로 향하는 화살표, 즉 삼차원을 더하면, 당신은 온 우주를 가질 수 있다. 따라서 차원이 낮을수록 한계는 많아진다.

틀을 뛰어넘는 것은 평면에 하나의 차원을 더해 입체를 만드는 것을 말한다. 계속해서 이혼을 예로 들어보자.

이혼의 장점과 단점을 파악했다 하더라도 여전히 진퇴양난의 선택 속에 빠져 있는 사람들이 있다. 하지만 이혼을 할지 말지의 선택 속에서 빠져나와 '효과'라는 차원에서 생각하면, 어려움에서 벗어날 수 있다.

"이혼을 해야 할지 말아야 할지는 나도 잘 모르겠어. 그런데 내가 너에게 묻고 싶은 건 네가 바라는 게 있냐는 거야. 어떤 삶을 살고 싶어? 그리고 그 삶을 살기 위해서 넌 어떤 사람이 되어야 할까?"

이 질문을 통해 기존의 틀에서 벗어날 수 있게 되었다.

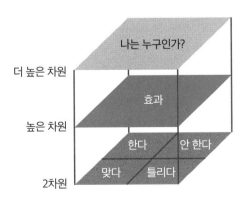

'틀 뛰어넘기' 언어 기술

틀 뛰어넘기는 사실상 하나의 메타언어식 틀이다. 한 발짝 뒤로 물러나 틀에서 빠져나온 뒤, 더 높은 차원에서 기존의 사고 차원을 내려다볼 수 있다. 그렇다면 어떻게 해야 더 높은 차원을 창조해 낼 수 있을까? 우선 내가 실제로 겪었던 일을 예로 들어보겠다.

한번은 한 여성이 다이어트 관련 문제로 나를 찾아왔다. 그녀는 확실히 보통 사람들보다 체구가 훨씬 컸고 다이어트가 필요해 보였다. 정식으로 문제에 관해 대화하기 전에 나는 서로의 거리를 좁히고 신뢰를 얻기 위해 가벼운 대화를 나누었다. 그렇게 수다를 떨던 중 나는 그녀가 무의식중에 한 말을 놓치지 않았다.

"사실 뚱뚱한 것도 꽤 괜찮더라고요. 안전하잖아요."

이 말을 듣자마자 나는 직감적으로 여기에 무슨 사연이 있는 게 분명하다고 생각했다. 나는 곧장 그녀의 말을 끊었고, 그렇게 대화가 이어졌다.

나 방금 뭐라고 말씀하셨죠? 제가 제대로 듣지 못해서요. 다시 한번 말씀해주실 수 있나요?

여성 사실 뚱뚱한 것도 꽤 괜찮더라고요. 안전하잖아요.

나 다시 한번 말씀해주세요.

여성 뚱뚱한 것도 꽤 괜찮다고요. 안전하잖아요.

나 지금 본인이 무슨 얘기를 했는지 들으셨나요?

그녀는 침묵했고, 그렇게 우리는 긴 시간 동안 아무 얘기도 하지 않았다. 나는 그녀가 머릿속에서 무언가를 보고 있다는 것을 알고 이어서 질문했다.

"무엇을 보았나요? 뚱뚱함으로 자신을 보호하려 하는 사람은 누구인가요?"

그녀는 순식간에 무너져 내렸고 목놓아 울기 시작했다. 그렇게 한바탕 울고 나서 감정을 다스린 그녀는 자신의 아픈 기억을 들려주었다. 알고 보니 어렸을 적 부모님의 관계가 좋지 않았고, 그녀는 어머니가 아버지에게 폭행당하는 것을 종종 목격했다. 그런 일이 있을 때마다 그녀는 극도로 공포를 느끼고 구석에 숨어서 벌벌 떨었다. 그 시절 그녀는 너무 어려서 어머니를 보호할 수도 그리고 자신을 보호할 수도 없었다. 그녀는 빨리 성장하여 자신을 보호하고 싶은 마음에 죽기 살기로 닥치는 대로 음식을 먹었다. 이 이야기를 듣고 난 뒤 나는 그녀에게 물었다.

나 그 시절 그 어린 소녀는 몸집을 키워 자신을 지키고 싶어 했지요. 하지만 오늘날 그 소녀는 이미 나이를 먹고 성장했습니다. 그녀는 계속해서 그렇게 할 필요가 있을까요?

여성 아니요. 이미 다 컸으니 그녀는 자신을 보호할 충분한 능력을 지녔습니다.

나 그 소녀에게 해주고 싶은 말이 있나요?

여성 네가 뚱뚱해진 이유를 알겠어. 하지만 그건 이제 이미 다 지난 일이야. 지금은 더 이상 그럴 필요 없어. 이제 체중을 줄여도 돼. 그래도 안전해.

몇 달 후, 나는 그녀를 다시 만났다. 그녀는 몇십 킬로그램을 뺐고, 많이 건강해졌다고 말했다. 이건 그녀 스스로 깨달은 뒤 새롭게 내린 결정에 따라 이뤄진 결과였다.

이 사례에서 내가 사용한 언어 기술이 바로 '틀 뛰어넘기'다. 나는 의뢰인을 위해 더 높은 차원의 자신을, 즉, 통찰력이 있는 자신을 만들어서 그 입장에서 잃어버린 본인(어린 시절의 소녀)과 만나게 했다. 사람이 더 높은 차원에 올라설 수만 있다면 기존의 문제는 더 이상 문제가 되지 않는다.

사람으로 태어난 이상 우리는 동물보다 월등히 뛰어난 두뇌를 가지고 있고, 통찰할 수 있는 능력 또한 있다. 통찰하는 능력은 무엇일까? 예를 들어 누군가 이렇게 말했다고 생각해 보자.

"나는 나 자신에게 별로 만족하지 않아."

이 말속에는 두 개의 '나'가 있지 않은가? 하나는 어떤 일을 한 '나'이고, 다른 하나는 방금 한 일에 대해 만족하지 않는 '나'이다. 첫 번째 '나'는 잃어버린 나이고, 두 번째 '나'가 바로 통찰하는 '나'이다. 이처럼 초월한 위치에 있는 '나'가 바로 자각하는 '나'이다.

이 원리를 이해했다면, 다음 말들을 살펴보고, 이 속에 있는 두 개의 '나'를 한번 찾아보자.

"나: 배고파."

(하나는 자신이 배고프다는 것을 안 나, 하나는 현실 속 정말 배고픈 나.)

"나는 정말 바보야."

(하나는 바보같이 일을 한 나, 하나는 자신을 바보라고 생각하는 나.)

"나는 가망이 없어."

(하나는 난관에 봉착한 나, 하나는 자신에게 믿음이 없는 나.)

두 개의 나를 볼 수 있다면, 당신은 초월한 위치에 있는 '나' 자리로 가도록 인도할 수 있다. 예를 들어 다음 질문들을 해 보자.

"방금 자신이 뭐라고 했는지 들었나요?"

"당신은 자신이 그 생각을 유지하게끔 놔두나요?"

"누가 당신이 그런 결정을 하게 만들었나요?"

"본인이 지금 무엇을 하고 있는지 아시나요?"

"앞으로도 그 생각을 선택할 건가요?"

이 질문들에는 한 가지 공통점이 있다. 바로 자각하는 '나'를 깨워서 잃어버린 '나'가 겪는 어려움을 처리하게 한다. 우리는 틀 뛰어넘기 언어 모델이 담긴 말로 자각하는 '나'를 깨워서 그가 더 높은 위치에서 자신을 다시 살펴보게 할 수 있다. 이런 초월적인 시야를 가진 사람은 자신이 만난 어려움을 어떻게 대처해야 할지 자연스레 알게 된다.

앞 지퍼가 열려 있는 사람을 보았을 때 어떻게 그에게 그 사실을 알려 줄 수 있을까? 직접 알려 주면 서로 민망할 것이 분명하다. 이때 가장 좋은 방법은 그에게 거울을 주는 것이다. 그러면 그는 아무 말 하지 않아도 그 사실을 알게 된다.

틀 뛰어넘기는 거울을 만들어서 상대가 스스로 더 높은 위치에서 자신을 볼 수 있게 하는, 그리고 비로소 기존의 신념의 틀에서 벗어나게 하는 방법이다.

중국 문화는 불교의 영향을 많이 받아 많은 어휘가 불교를 기반으로 한다. 불교에서 '불'은 범어(산스크리트어)로 '깨닫다'라는 뜻이다. 그리고 부처, 붓다란 모든 것을 깨달은 사람이란 뜻이다.

거울 앞에 선 사람은 자신의 모습을 가다듬고 몸에 묻은 더러운 것을 닦아 낸다. 즉, 거울 앞이 바로 초월의 위치다. 이 위치에 서 있는 당신이 바로 그 '깨달은 자'인 것이다. 물론 그렇다고 해서 모든 것을 깨달은 것은 아니기에 부처라고 할 수는 없다. 하지만 만일 당신이 부지런히 수행하고 끊임없이 자신을 깨우치면, 언젠가는 당신도 부처가 될 수 있다. 불법에서는 사람마다 불성佛性이 있지만, 그 불성이 아직 깨어나지 않았을 뿐이라고 말한다.

불교에선 아직 깨우치지 못한 자, 아직 미혹을 벗어나지 못한 자를 '중생'이라 하고 자신을 완전히 깨우친 사람을 '나한'이라고 한다. 또 자신을 깨우치고 다른 사람을 도와 그들이 깨우치는 것을 돕는 자를 '보살'이라고 하며 각행(스스로 깨닫고 자비로 행함)이 원만한 사람을 '부처'라 한다.

어떤 의미에서 보면 '틀 뛰어넘기' 언어 모델은 한 사람의 불성을 깨우는 언어 모델이다. 이 언어 모델을 통해 깨달은 자의 위치에 설 수 있기 때문이다. 이 언어 모델로 남을 도우면, 나도 보살인 셈이다.

언어 마술로 만들어낸
삶의 변화

관념 나는 공부할 시간이 없어.

이 관념을 부수기 위해 14가지 언어 마술을 이용해 보자.

세계관 아, 당신은 그렇게 생각하는군요.

결과 그렇게 생각하면, 무슨 결과가 있을까요? 이 세상은 하루가 다르게 변화하고 있는데 공부하지 않으면 아마도 시대의 발전을 따라가지 못하게 되겠죠.

또 다른 결과 오늘 하루 시간이 없는 것은 좋은 일일 수도 있습니다. 그것이 당신에게 무엇을 알려 주고 있나요?

새로운 정의 만약 당신이 정말로 너무 바쁘다면, 지금이야말로 인생에 대해 생각해야 할 때일 수도 있습니다.

의도 물론 당신이 시간을 쓰고 싶어 하는 더 중요한 일이 있다는 것을 압니다.

기준의 단계 하지만 끊임없이 자신을 성장시키는 것보다 더 중요한 것이 있을까요? 당신의 시간을 사소한 일에 써야 할까요? 아니면 중요한 일에 써야 할까요?

상위 분류 만약 한 사람이 자신을 발전시키는 시간도 계획하지 못한다면, 그 사람의 미래에는 희망이 있을까요?

하위 분류 당신이 시간을 구체적으로 어디에 쓰고 있는지 알려 줄 수 있나요?

비유 공부는 밥 먹는 것과 같습니다. 물질적인 영양을 섭취하는 것처럼 정신적 영양 또한 섭취해야 하지요. 그런 생각은 '바빠서 앞으로는 밥도 먹지 않을 생각이야'라고 말하는 것처럼 황당한 말입니다.

반격 오늘날 시간이 없는 것이 과거에 공부하지 않았기 때문에 초래된 것은 아닌지, 생각해 보셨습니까?

현실 검증 전략 당신은 본인에게 시간이 없다는 것을 어떻게 알지요? 공부를 위해 시간 계획을 짜 본 적이 있나요?

반대 사례 제 학생 중 철수는 당신처럼 바쁜 사람이었지만 어떻게든 시간을 내어 제 수업을 들었습니다. 후에 그의 삶은 어떻게 되었을까요? 그의 삶은 오히려 여유로워졌고, 경제적으로 풍요로워졌습니다.

틀의 규모 바꾸기 60세가 되어 오늘을 돌아본다면, 당신은 지금의 생각을 계속 유지할 것인가요? 만약 자녀가 당신의 이런 생각을 듣는다면, 그는 공부할 시간이 없다고 말하는 부모를 어떻게 생각할까요?

틀 뛰어넘기 당신은 자신이 계속 이렇게 바쁘게 살도록 내버려 둘겁니까? 누가 당신에게 성장의 기회를 걷어찰 권리를 줬나요?

이 여러 가지 기술들은 다른 사람의 신념을 부술 수 있을 뿐 아니라, 자신의 신념 또한 부술 수 있다. 사실 이게 더 중요하다. 많은 경우 우리가 앞으로 나아가는 것을 방해하는 것은 타인이 아니라 자기 내면에 있는 바이러스성 신념이기 때문이다. 우리가 자신의 신념을 부쉈을 때 비로소 더 광활한 세상으로 나아갈 수 있다.

다음 예시는 내가 막 언어의 마술을 배웠을 때 나 자신에게 적은 편지다. 당시에 나는 한 가지 구속성 신념을 품고 있었다.

'중국에서 심리 훈련 센터를 해 봤자, 크게 성공할 수 없어'였다. 이에 대해 나는 나 자신에게 다음과 같이 말했다.

"오늘에서야 '중국에서 심리 훈련 센터를 해 봤자 크게 성공할 수 없다'는 것은 나만의 생각이지, 다른 사람들은 그렇게 생각하지 않을 수 있다는 것을 깨닫기 시작했다.(세계관) 그저 오늘날 중국에 큰 심리 훈련 센터가 없어서 그렇게 생각한 것일까? 현재 없다고 해서 미래에도 없으리라 생각하는 것은 잘못됐다.(현실 검증 전략)

아직 큰 심리 훈련 센터가 없다는 것은 이 업계에 도전할 만한 것이 많이 있다는 뜻이다.(새로운 정의) 아직 시장이 없는 것은 나에게는 기회다.(또 다른 결과) 계속해서 이 신념을 고집하면, 내 회사는 정말로 성공하지 못한다. 내가 성공할 수 없는 것은 나 자신의 이러한 생각 때문이다. 나처럼 생각하는 사람들이 너무 많아서 과거에도 강대한 기업이 없었던 것이다.(반격) 나와 같은 사람들은 동물원에 묶여 있는 한 마리의 코끼리와 같다. 당장 끊어져도 이상하지 않은 밧줄에 묶여 있는 코끼리는 늘 이렇게 말한다. '나는 이 밧줄을 풀 능력이 없어, 옛날에 다 시도해 봤어.(은유)'

성공이란 무엇일까?(하위 분류) 공자가 생을 마감할 때 그의 제자는 삼 천명밖에 없었다. 하지만 몇천 년이 지난 현재, 그의 가르침은 중국뿐만 아니라 전 세계에 영향을 주었다. '회원 수'가 많으면 성공인가? 아니면 '영향력'이 커야 성공인가? 회원 수와 영향력을 두고 봤을 때, 어떤 게 더 중요한가?(기준의 등급)

중국에는 성공한 교육계 기업이 정말로 없을까?(상위 분류) 주식시장에 오른 신동방교육도 작은 회사에서부터 시작했다는 것은 나와 다르지 않다. 신동방도 해냈는데, 나라고 못 할 게 뭐 있는 가?(반대 사례) 오늘날 큰 심리 훈련 센터가 없는 것처럼 당시에도 이처럼 큰 영어 교육 그룹이 없었다! 신동방 교육의 위민홍이라 면 지금 내 상황에서 어떤 생각을 했을까?(세계관)

세상은 계속해서 변화하고 있다. 만약 내가 계속해서 과거의 경 험을 토대로 주관적으로 미래를 판단한다면, 앞으로 있을 수많은 기회를 놓치고 말 것이다.(틀의 규모 바꾸기) 물론 나의 이런 생각 에도 좋은 점이 있다. 이 생각을 통해 내가 심리 훈련 센터 말고 어떤 것을 할 수 있나 생각해 볼 수 있지 않은가.(또 다른 결과)

만약 내가 계속해서 이 신념을 고집하면 내 기업에 어떤 영향을 미칠까?(결과) 체면이 중요할까 아니면 이 심리 훈련 센터 사업을 잘하는 것이 중요할까?(기준의 등급) 누가 나에게 이런 황당한 생 각을 고집하게 하였는가?(틀 뛰어넘기) 기업을 크고 강하게 만들 고 성공시키는 것을 내가 하지 않으면, 누가 할까?”

책을 읽고도 실천하지 않으면 아무 소용이 없다. 책 속 지식은 당 신이 자신의 일과 생활에 접목해야 비로소 힘을 발휘한다. 여러분 도 나처럼 본인의 구속성 신념 하나를 찾아내고, 이 14가지 언어의 마술로 자신과의 대화를 시도해 삶의 질을 변화시켜 보길 바란다.

인간 언어의 위대함은 눈앞에 당면한 일에만
매달리지 않도록 한다는 점이다.

루이스 토마스

타인과 함께, 타인을 통해서 협력할 때에야
비로소 위대한 것이 탄생한다.

생텍쥐페리

행복한 삶의 비밀은 올바른 관계를 형성하고
그것에 올바른 가치를 매기는 것이다.

노먼 토머스

예의와 타인에 대한 배려는 푼돈을 투자해
목돈으로 돌려받는 것이다.

토머스 소웰